마스터리 태도

일러두기

국내 출간도서는 한국어판 도서명으로 표기했고 국내 미출간 도서는 원서명을 병기했다.

The Passion Paradox:

A Guide to Going All In, Finding Success, and Discovering the Benefits of an Unbalanced Life by Brad Stulberg and Steve Magness

내 안의 숨겨진 가능성을 찾아
위대한 변화를 만드는 법

마스터리 태도

MASTERY MINDSET

브래드 스털버그, 스티브 매그네스 지음
신솔잎 옮김

플로우
FLOW

지금 당신에게 필요한 것은
지속가능한 힘이다

몇해 전 인간의 수행능력에 대한《성과의 정점Peak performance》을 출간했다. 우리는 다양한 증거를 들어 성과의 법칙을 분석하고, 최고의 운동선수, 예술가, 사상가가 이 법칙을 어떻게 활용했는지를 알아냈다. 또한 독자들이 어떻게 삶에 적용할 수 있을지를 제시했다. 그러나 조사와 연구를 진행하며 우리는 성과만큼이나 중요한 한 가지를 놓쳤다는 사실을 깨달았다. 최고의 능력을 발휘하는 훌륭한 사람들에게는 공통적인 자질 네 가지가 있었다. 그 자질은 넘치는 의욕과 채워지지 않는 갈증, 만족할 줄 모르는 성격, 열정이었다.

　최고 수준의 운동선수, 기업 중역, 경영인 다수를 컨설팅 하면서 우리는 영광스럽게도 자신이 하는 모든 일에 굉장한 열정을 쏟는 사람들과 인연을 쌓을 수 있었다. 이들은 위기의 상황에서도 기회를 찾아내고 경계와 한계를 끊임없이 확장한다. 그리고 자신의 모든 것을 쏟아부을 때 행복을 느낀다.

　열정은 가족이나 친구 그리고 인생의 소소한 즐거움을 누리는 데 할애할 시간과 에너지를 앗아간다. 특히나 열정의 뜨거움에 버금가는 분명한 자기지각이 형성되지 않은 상태라면(자기지각에 대해서는 이후 자세하게 다룰 예정이다.) 지나친 열정은 우리의 삶을 집어삼키고 번아웃을 선사한다. 이런 부정적인 결과나 딜레마 같은 상황에 빠지는 것은 열정적인 사람 대부분이 경험한 일이었다. 그러나 달리 방도가 없다. 열정에 푹 빠져 있을 때는, 무언가에 깊이 심취해 맹렬히 달려 나갈 때는 다른 것은 아무것도 눈에 들어오지 않는다. 열정에 사로잡힌 데는 장점과 단점이 공존한다.

　올림픽에 출전한 선수들, 혁신적인 발명가들, 독창적인 예술가들, 성공적인 기업인들이 지닌 뜨거운 열정을 직접 목격하고 또 스스로도 경험하며 몇 가지 의문이 생겼다. 도대체 열정이라는 강렬한 감정은 어디에서 탄생하는가? 열정은 어떻게 찾을 수 있고,

무엇으로 증폭되는가? 의무나 책임과 상충하는 열정을 따라야 할지 말아야 할지는 어떻게 결정할 수 있을까? 열정을 사라지게 만드는 것은 무엇인가? 열정이란 정말 좋기만 한 것일까? 어쩌면 중독과 비슷한 것이 아닐까? 무언가에 '올인' 하는 올바른 방법이 따로 있는 걸까?

우리는 내 안의 숨겨진 열정을 찾고 그것을 따르라는 조언을 많이 듣는다. 부모님, 선생님, 코치, 졸업식 연사는 늘 열정적으로 살라고 말한다. 그러나 이와 동시에 열정을 따르는 것이 무책임하고 어쩌면 무모하기까지 한 선택이라고 보는 문화가 점차 확대되고 있다. 열정을 따르는 것은 불만족스럽고, 건강을 해치고, 불안에 잠식되는 길이라고 말한다. 두 가지 입장 모두 옳은 부분이 있다.

무엇이든 단순화시키고 이분법적 사고를 좋아하는 문화에서도 열정만큼은 상당히 복잡한 개념이다. 물론 열정이 축복이 될 수도 있다. 열정 덕분에 어떠한 기술이나 지식의 장인이 되고, 최고의 성공을 누리기도 한다. 하지만 무턱대고 열정만 좇다가는 열정은 어느새 저주로 변해 생산적인 힘보다 파괴적인 힘을 더욱 키운다. 이러한 파괴적인 열정은 일시적인 미봉책과 찰나의 기쁨을 중요하게 여기는 문화, 소셜미디어 상의 팔로워 수나 친구 수로 개인의 가치를 판단하는 문화, '승리가 전부는 아니지만 승리 외에는 중요한 것이 없다'고 끊임없이 가르치는 문화, 성취 지향적이고 무슨 수를 써서라도 결과만 얻으면 된다고 강조하는 문화에서 더욱 만연해 있다.

열정을 좇을지 결정하는 것도, 열정이 긍정적인 힘을 발휘하거나 부정적으로 변질되는 것도 오롯이 나 자신에게 달려 있다는 것이다. 열정은 신중하게 접근해 끊임없이 갈고 닦아야 하는 대상이다. 열정이라는 끊임없는 수행과 실천을 통해 우리가 하는 일뿐 아니라 삶까지도 특별해질 수 있다.

우리 두 사람이 건설적이고 건강하며 지속가능한 방향으로 열정을 추구하는 방법에 대해 깊이 연구하고 조사한 것이 이 책의 집필로 이어졌다. 우리는 문학, 생물학, 심리학, 인류학, 철학 분야의 수많은 글을 읽고, 분야를 가리지 않고 전 세계에 있는 훌륭한 연구자들과 인터뷰를 진행했다. 열정으로 성공을 거머쥔 사람들뿐만 아니라 열정으로 암흑의 구렁텅이에 빠진 사람들을 만났고, 이들을 연구했다. 또한 우리 자신의 내면을 깊이 파헤치며 우리가 가진 열정의 장단점과 추악한 점을 깨닫기 위해 노력했다.

어쩌면 당신은 본인이 현재 열정 스펙트럼의 어디쯤 있는지 알고 있을 수도 있다. 관심이 있는 커리어나 사업 아이디어가 있지만 의구심이나 걱정 때문에 고민하는 상황일 수도 있다. 혹은 사업을 시작하거나 엘리트 운동선수가 되기 위해 훈련을 받는 등 모든 것을 내걸고 뛰어들 계획을 세우는 중일 수도 있다. 열정을 좇으며 번 아웃을 겪기 시작했거나, 친구나 가족 등 인생의 중요한 것들을 등한시하거나, 자신이 선택한 열정이 아닌 다른 것들에서 행복을 느끼기 시작했을 수도 있다. 혹은 한때 당신을 살아 있게 했던 열정에서 조금씩 멀어지는 중일지도 모른다. 당신이 열정의 스펙트럼 어디에 있든 이 책을 통해 올바른 궤도를 찾을 수 있게 될 것이다. 열정과 건강한 관계를 유지하는 법과 삶을 빛나게 해주는 열정을 키우는 법을 배우게 될 것이다.

4장 ✧ 열정의 두 얼굴

5장 ✧ 마스터리 정신과 열정

6장 ✧ 균형이라는 환상

7장 ✧ 자기지각을 익히는 법

8장 ✧ 우아하게 열정을 다루는 법

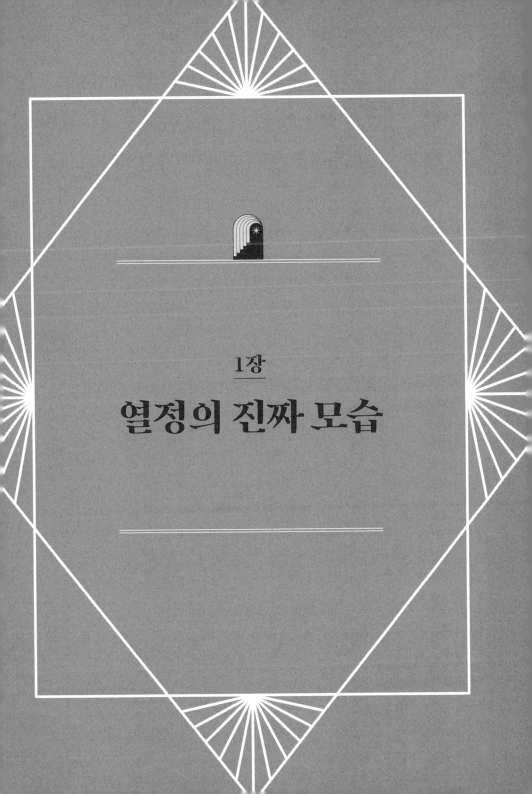

1장

열정의 진짜 모습

MASTERY MINDSET

조심스럽게 열정에 접근하기

"열정만큼 중요한 것은 없습니다. 앞으로 무슨 일을 하든 반드시 열정적으로 임해야 합니다. 세상은 더 이상 밋밋한 사람을 필요로 하지 않습니다. 평범함을 꿈꿔서도 안 되고, 완벽함을 목표로 삼아서도 안 됩니다. 다만 세 가지 P를 기억하세요. 끈기persistence가 더해진 열정passion은 가능성possibility이라는 것을 기억하세요." 이는 2001년 몬보스대학의 졸업식에서 본 조비의 연설 내용이다. 본 조비가 언급한 열의와 불같은 열성으로 온 마음을 쏟는 태도는 아마도 우리가 익히 들어온 열정에 가장 가까운 모습일 것이다. 열정은 학교, 일터, 경기장 등 대부분의 환경에서 귀한 가치로 인정받는 태도이다. 사람들은 자신의 열정을 찾고 그것을 좇기만 하면 모든 것이 완벽하게 굴러갈 것이라고 말한다. 그러나 현실은 다르다. 열정을 찾은 이후에 벌어질 일에 대한 조언이나 주의사항을 들을 기회는 없다. 열정을 찾으라고 말하는 사람은 많지만, 열정을 어떻게 추구해야 하는지에 대해 말하는 사람은 없다.

언뜻 보기에 열정은 성공과 행복, 충만함으로 이어지는 지름길 같지만 사실 열정이란 까닥하다가는 길을 잃고 마는 복잡한 미로에 가깝다. 실리콘밸리의 거물이자 테슬라와 스페이스X 창립자인 일론 머스크는 이렇게 말했다. "현실은 굉장한 행복과 끔찍한 나락, 끝없는 스트레스의 연속입니다." 열정으로 인해 발생하는 몇 가지 부정적인 결과를 생각해보길 바란다.

- 외부적 결과와 인정의 노예가 된다. 이른 성공과 더 많은 돈, 더 큰 명성, 더 많은 팔로워를 향한 갈망에 사로잡힌다. 처음 무언가를 하는 것에 느꼈던 열정은 이내 성취와 결과를 향한 열정으로 변질된다. 외부의 인정에 따라 자신의 가치를 평가하고, 실패는 물론 그저 그런 어중간한 성공에도 큰 충격을 받고 완전히 무너진다. 열정을 가졌던 일에 더 이상 즐거움을 느끼지 못한다면 그나마 운이 좋은 경우고, 최악의 경우 불안과 우울함에 시달리고 윤리적으로 타

락하게 된다.

- 열정 외에는 모든 것을 등한시한다. 열정을 좇는 데만 지나치게 빠져든 나머지 다른 일들은 모두 도외시한다. 결혼 생활이 파탄나거나, 아이들이 자라는 모습조차 지켜보지 못한다. 건강을 내팽개치기도 한다. 자신이 사랑하는 무언가에 깊이 몰두하는 것이니 그 순간에는 행복을 느끼겠지만 몇 년 후엔 열정만 좇았던 세월을 되돌아보며 후회하게 된다.

- 번아웃에 시달린다. 열정에 완벽히 굴복한 삶은 하루, 한 달, 어쩌면 일 년까지는 괜찮을 수도 있다. 그러나 무턱대고 좇기만 하는 열정은 보통 짧고 격렬하게 타오르다 사라지기 마련이다. 스스로 페이스 조절을 하고 싶지 않은 게 아니라 할 수가 없는 상황에 이른다. 열정의 강렬한 끌림에 눈이 먼 나머지 지금 쏟고 있는 정서적, 육체적 수고를 오랫동안 유지할 수 없다는 것을 알지 못한다. 그러다 보면 어느 순간엔가 에너지가 완전히 소진되고 만다. 어쩌면 평생 지속될 수도 있던 열정과 의미 있는 활동이 그저 짧은 시간 타오르다 사라지는 무모한 흥분으로 그치고 만다.

- 즐거움을 잃는다. 열정의 불꽃이 오랜 시간에 걸쳐 천천히 사그라질 때도 있다. 이런 식이다. 멋진 취미 활동을 직업으로 삼게 되고 (난 정말 행운아야!), 한때는 즐거웠던 취미가 점점 일처럼 느껴지고

(이렇게 될 줄 몰랐는데), 얼마 지나지 않아 너무나도 사랑했던 일이 어떻게 이토록 싫어질 수 있는지 자문하게 된다(어떻게 된 거지?). 이런 결과를 전혀 예상하지 못한 채, 자신의 열정을 신뢰하지 못하는 지경에 이른다.

무엇을 위한 열정인가

물론 다른 유형의, 이보다 훨씬 나은 유형의 열정도 있다. 어떤 일을 하는 것이 그저 너무도 즐거워 완전히 몰두할 때 탄생하는 열정이다. 차분한 의지를 갖고 겸손한 자세로 실패를 경험하며 성공을 거머쥘 때 탄생하는 열정이다. 목표가 곧 방향이 되고, 방향이 곧 목표가 되는 것. 열정이 깊은 목적의식을 바탕으로 탄생해 삶과 조화를 이루는 것. 자기지각을 통해 열정이 불러올 혼란을 이겨내고, 열정에 잠식되지 않고 오히려 통제할 힘을 얻는 것. 일정 기간이 아닌 평생 동안 살아있음을 느끼는 것이야말로 우리가 원하는 열정이자 가장 훌륭한 형태의 열정이다.

열정은 열의 넘치는 태도로 무언가를 좇는 것에서 시작한다. 번아웃을 경험하거나, 균형이 무너진 삶을 살거나, 즐거움을 잃고 싶은 사람은 아무도 없다. 열정에서 빚어진 긍정적 혹은 부정적이란 두 갈래의 길, 나쁜 열정과 좋은 열정의 시작점은 같다. 열정이 제 길을 이탈하지 않도록 주의하지 않는다면 당신도 모르는 새 원래의 길에서 저 멀리 벗어나고 만다. 즉, 열정은 망가지기가 쉬워 무엇보다 조심히 다뤄야 한다는 의미이다. 열정이 행복, 건강, 성과, 삶의 만족도뿐 아니라 불안감, 우울증, 번아웃, 비윤리적인 행동과도 연관이 있다는 연구 결과도 바로 이 때문이다.

열정을 찾는 방법에 대한 글은 셀 수 없이 많지만, 열정을 제대로 이해하지 못하고 뻔한 이야기만 잔뜩 늘어놓으며 제대로 된 증거도 제시하지 못하는 것이 대부분이다. 이미 눈치챘겠지만 열정을 찾는 것은 그저 절반의 성공일 뿐이다. 열정을 생산적이고 건강하게 유지하고 관리하는 법을 깨우치는 것이야말로 열정을 찾는 것 못지않게 중요하다. 그러나 불행하게도 후자에 대한 이야기는 거의 다뤄지지 않고 있다. 열정의 부작용으로 고통받는 사람들이 너무도 많은 데 말이다. 열정에 대한 기존의 생각을 바꾸는 것이 이 책의 목표이다. 이 책은 자신의 열정을 어떻게 찾아 옳은 방법으로 키울 수 있는지를 보여주고, 평생 동안 열정의 거대한 힘을 유지하고 통제하는 법을 알려줄 것이다. 열정이 삶과 조화를 이루며 오래도록 밝게 빛날 수 있게 만드는 실질적인 방법을 가르쳐 줄 것이다. 또한 열정에 대한 수많은 도서에서 하나같이 등장하는 진부하고 뻔한 이야기는 하지 않을 생각이다. 우리는 최신 과학 자료와 증거 외에도 세계 최고의 시인과 철학자들의 생각을 제시하며 진정성 있고 진솔한 이야기를 들려줄 예정이다.

그러기 위해서 우선 열정을 낱낱이 해부해야 한다. 열정을 탄생시키는 생물학적, 심리적 요인을 분석하고, 놀라울 정도로 열정적인 사람들의 이야기를 파헤칠 것이다. 올림픽 수영 스타인 케이티 레데키와 투자자 워런 버핏처럼 긍정적인 이야기도 있지만, 희대의 기업사기를 저지른 엔론의 제프리 스킬링, 금지약물을 복용한 야구선수 배리 본즈처럼 반면교사로 삼아야 할 이야기도 있다. '균형 잡힌' 삶이 정말 중요한 것인지 물음을 던지고, 자기지각으로 먼 훗날의 후회를 막을 수 있다는 것을 밝히며, 자기 자신에게 들려주는 내면의 이야기가 얼마나 중요한지에 대해서도 논할 예정이다. 열정이란 제멋대로 날뛰도록 내버려두는 감정이 아니라 계획적인 의도를 바탕으로 통제되어야 할 대상이라는 것을 깨닫게 될 것이다. 그러나 가장 훌륭한 형태의 열정과 함께하는 삶의 기반을 닦기 위해선 무엇보다 열정의 기원부터 정확히 이해해야 한다. 처음 열정이라는 개념이 탄생했던 때로 거슬러 올라가는 것으로 시작하고자 한다.

**열정의
법칙 _**

- 모두들 열정을 찾아야 한다고 말하지만, 아무도 열정을 추구하는 방법과 찾는 법을 알려주지 않는다.

- 열정은 긍정적인 노력에서 시작되지만, 결국 변질되고 만다.

- 열정을 계획적으로 관리하지 않는다면 다음과 같은 위험에 빠지고 만다.

  – 외부적인 인정과 결과의 노예가 된다.

  – 번아웃에 시달린다.

  – 후회한다.

  – 즐거움을 잃는다.

- 열정을 의도적으로 관리할 때 건강과 행복, 전반적인 삶의 만족도가 향상된다.

- 좋은 열정과 나쁜 열정이 있다. 열정이 어떤 방향으로 나아가게 될지는 당신의 선택에 달려 있다.

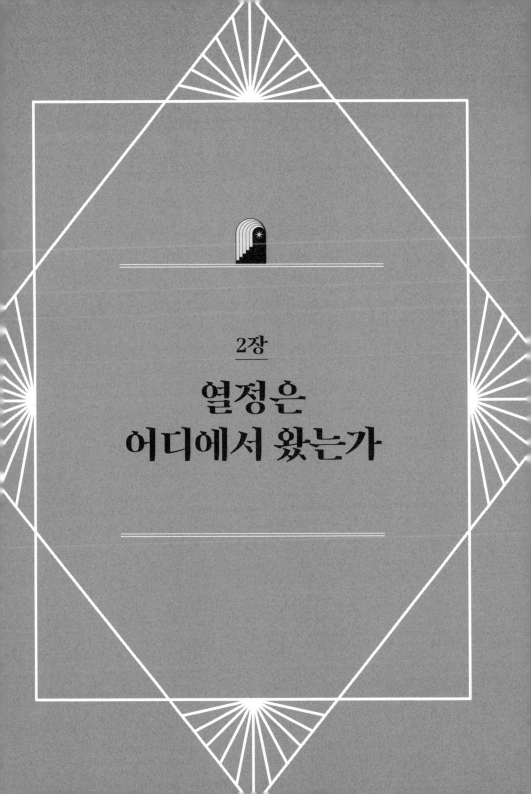

2장

열정은
어디에서 왔는가

MASTERY MINDSET

열정의 어원은 고난이다

열정의 어원인 라틴어 파시오passio는 오랜 시간 동안 '고난'이란 의미로 쓰였던 만큼, 열정은 고난, 고통, 분노를 뜻했다. 본래 열정이란 단어 속 고난은 특정 인물의 비통한 순간, 십자가에 못 박히던 때 예수에게 가해지던 끝없는 고문을 나타내는 좁은 의미로 쓰였다. 케이스웨스턴리저브대학의 종교학과장인 티모시 K. 빌 교수는 '이 단어는 본래 예수의 수난을 뜻하던 단어'라고 설명했다. 예수의 죽음을 비극적으로 보는 사람들도 있지만, 그 이면에는 심오한 의미를 담고 있다고 믿는 사람들도 있었다. 어느 쪽이든 파시오는 천 년에 가까운 세월 동안 예수가 겪어야 했던 고통을 뜻할 때만 쓰는 단어였다. 그 대상이 누구이든, 파시오를 좇아야 한다고 말할 때 이 단어는 긍정적이거나 영감 넘치는 의미가 아니라 위험하고 유해하다는 쪽에 가까웠다.

그러나 세월이 흘러가며 파시오의 의미가 확장되었다. 11세기가 되자 파시오는 종교적 의미를 넘어 사람들의 육체적, 정신적 고통과 아픔을 지칭하는 단어가 되었다. 여전히 오늘날의 열정과는 의미가 다르지만 더 이상 예수의 수난만을 지칭하는 단어는 아니었다. 수백 년 후 유럽이 암흑시대를 벗어나자 열정이란 단어도 어둡고 부정적인 의미에서 벗어나게 되었다. 얼마 후 유럽의 르네상스가 도래하자 파시오는 파시온passioun에서 패션passion 으로 변형되었다. 단어가 변형되며 의미 또한 고통에서 분노, 사랑, 그리고 굉장한 열망으로 달라졌다. 여기에는 몇몇 창의적인 예술 작품이 기여한 바가 크다. 제프리 초서는 대서사시《캔터베리 이야기》에서 패션을 고통이 아닌 통제할 수 없는 감정을 통칭하는 의미로 처음 썼다. 그 뒤를 이어 몇몇 작가들이 패션을 이전과는 다른 의미로 작품에 사용하기 시작했다. 1588년 셰익스피어는 패션을 부정적인 감정이 아닌 많은 이들이 갈망하는 감정을 의미하는 단어로 사용했다. 그는《타이터스 앤드러니커스Titus Andronicus》에서 '내 검이 증명할 것이다 / 라비나를 향한 내 열정을 위해'라고 적으며 사랑하는 대상을 향한 욕망과 갈구를 표현하는 뜻으로 패션을 차용했다. 셰익스피어의 작품에서 패션은 고통이라는 본래의 의미에서 벗어나 매력적이고 긍정적인 의미로 탈바꿈했다.

패션이 한 개인을 향한 사랑과 욕망에서 확장되어 어떤 일을 향한 추구를 지칭하는 의미로 널리 쓰이기 시작한 것은 18세기에 접어든 후부터이다. 그럼에도 이 단어가 활발하게 쓰이기까지는 오랜 시간이 걸렸다. '열정을 좇아라' 혹은 '열정을 찾아라'와 같은 문구는 1970년대 중반이 되어서야 흔하게 쓰는 말이 되었다. 당시 열정이 하나의 유행처럼 번지기 시작한 이후 지금까지도 그 맥락이 유지되고 있다. 1970년대 사회의 중추적 역할로 활약하던 베이비부머 세대의 좌우명은 '무엇이든 할 수 있다, 뿌린 대로 거둔다'였다. 제2차 세계대전은 점차 사람들의 기억에서 사라지고 베트남 전쟁도 끝나가고 있었다. 서구의 이상적인 가치는 안전에서 자아실현으로 넘어갔고, 이 트렌드는 X세대와 밀레니얼 세대를 거쳐 더욱 가속화되었다. 2001년 몬모스대학에서 본 조비의 졸업 연설에서 열정이란 단어가 포함된 구호는 더욱 긍정적이고 영감 넘치는 의미로 쓰이며 그 어느 때보다 대중들에게 널리 사랑을 받았다. 오늘날에도 열정을 행복하고 생산적인 삶의 필수 요소로 생각하는 사람들이 많다. 어떻게 해서든 자신 안의 열정을 찾고 또 따라야 한다고 말하고, 커리어, 인간관계, 취미 생활마저도 열정적으로 임해야 한다고 말한다. 곧 알게 되겠지만 열정이란 단어의 기원을 우습게 보아 넘겨서는 안 된다. 여러모로 열정과 고통은 밀접하게 연관되어 있기 때문이다.

열정의 생물학

어떤 일이나 아이디어, 사람에게 완벽히 몰입할 때 온몸에 퍼지는 뜨거움은 잠깐이라도 열정에 빠져본 사람이라면 누구나 한 번쯤 경험해봤을 것이다. 그 대상이 사람이든 일이든 무언가를 향해 열정을 다할 때 인간의 반응은 거의 비슷하다. 자신의 열정이 향한 대상 혹은 활동 하나만 세상에 존재하고, 그 외에는 아무것도 눈에 들어오지 않는다. 짝사랑에 빠져 다른 것은 생각할 수도 없고, 그림을 그리던 캔버스에서 한 걸음도 물러날 수 없는 것처럼 말이다. 몸은 가족들과 저녁 식사를 함께 하고 있지만, 정신은 론칭을 준비하는 새 상품에, 지금 쓰고 있는 책의 34쪽 다섯 번째 문단의 두 번째 문장을 어떻게 써야 할지 고민하는 데 팔려 있다. 시야가 좁아지고, 완벽한 몰입에 빠진다. 열정에 완전히 잠식당하는 것이다.

열정의 대상을 향한 집착은 우리의 뇌 깊숙한 곳에서 탄생해 도파민이라는 강력한 신경 전달 물질의 영향을 받는다. 도파민은 우리를 흥분시키고 자극하며 한 가지 일에 몰두하게 만든다. 도파민의 영향으로 우리는 활력을 얻고 살아 있음을 느낀다. 도파민이 두 뇌의 가장 원시적인 영역부터 가장 진화된 영역까지 흐르며 신경 반응을 일으키는 과정에서 우리는 목표를 향해 맹목적으로 나아가고, 머지않아 적절한 보상이 따를 것이라는 기대를 하게 된다. 이 책을 완성하면 행복해질 거야, 신제품 론칭이 끝난 후에는 성취감을 느낄 거야, 저 여성과 함께라면 행복할 수 있을 거야, 내 작품이 미술관에 전시만 되면 마음이 한결 평온해질 거야.

그러나 열정의 마법에 걸려 있는 상황이라면 당신이 좇고 있는 충만함이나 만족감과 같은 보상은 사실 한낱 환상에 불과하다. 월요일에 목표를 달성했다면 잠깐 동안은 행복하고 만족스럽겠지만 화요일이 되면 다시 갈증을 느끼는 것이다.

이렇듯 무언가를 끊임없이 갈망하는 데에는 생물학적 원인이 있다. 우리를 행복하게 해주는 신경 전달 물질은 목표를 성취한 후에 분비되지만, 다른 무엇보다 강력한 영향력을 자랑하는 도파민은 목표를 성취하기 전에 분비된다. 여기에는 아주 중요한 진화적 이유가 있다. 수렵 채집 생활을 했던 선조들은 제때 영양분을 충족하기 어려웠다. 이들은 식량을 구하지 못할 때를 대비해 꾸준히 음식물을 모아야만 했다. 그 결과, 강력한 동기를 제공하는 신경 전달 물질인 도파민이 인간의 내면에 강렬한 욕망을 불러일으키고, 행복과 만족을 느끼게 하는 다른 신경 전달 물질보다 우세한 힘을 발휘하도록 진화한 것이다. 우리는 성취감에 중독되는 것이 아니라, 무언가를 추구하고 좇는 과정에 중독되었다. 도파민은 욕망과 동기의 분자이다. 과거 인류의 생존부터 오늘날의 위대한 과학적 발견까지 모두 단순하지만 강력한 생물학적 요인 덕분에 가능한 것이었다. 간단히 말해, 우리는 만족하도록 설계된 것이 아니라 계속 갈증을 느끼고 무언가를 좇도록 설계된 것이다.

도파민과 열정의 관계

전설적인 울트라마라톤 선수인 앤 트라손이 두 살 때, 부모님은 그녀의 신발에 방울을 달았다. "맨날 뛰어 다녀서 부모님이 저를 찾아 다녀야 했거든요." 그녀는 이렇게 설명했다. 그녀가 어렸을 때만 해도 지금처럼 주의력결핍과잉행동장애ADHD를 진단받는 아이들이 많지 않았지만, 59살의 트라손은 요즘 같았다면 본인은 아마 ADHD 환자로 진단받고도 남았을 거라고 말했다. 최근 연구를 통해 ADHD 기질을 지닌 사람은 도파민에 덜 민감하게 반응한다는 것이 발견되었다. 즉, 만족감을 느끼기 위해선 더욱 많은 양의 도파민이 필요하다는 뜻이다. 도파민은 무언가를 좇을 때 분비되므로 ADHD 성향을 지닌 사람의 경우 끊임없이 열정을 발휘할 수밖에 없는 것이다. 학창시절 가만히 앉아 집중하는 것이 어려웠던 트라손의 경우 달리기가 억눌린 에너지를 분출하고 지치지 않는 열정을 쏟아낼 수 있는 하나의 해방구였던 셈이다.

고등학교를 졸업한 후 얼마 지나지 않아 트라손은 울트라마라톤을 알게 되었다. 스무 시간 이상 달려야 하는 이 스포츠에 비하면 일반 마라톤은 어린 애들 장난 같을 정도이다. 트라손은 몇 주간 190킬로미터 이상 훈련을 하고 160킬로미터를 달리며 트라손은 다른 어느 것에서도 느끼지 못했던 성취감을 느꼈다. 그러나 그런 성취감도 늘 오래가지 못했다. 1985년 아메리칸리버 50마일 인듀어런스런과 1989년 웨스턴스테이트 인듀어런스런에서 우승을 거머쥐고, 1994년에는 웨스턴스테이트와 리드빌트레일 100코스에서 모두 신기록을 세우는 등 (위에 언급된 대회 모두 울트라마라톤 러너 다수가 우승은커녕 세 경기 중 하나만 겨우 참가할 정도로 대단한 레이스이다) 트라손이 러너로서의 경력에서 대단한 만족감을 느끼는 순간이 여러 번 있었다. 그러나 트라손은 항상 갈증을 느꼈다. "제 한계가 어디까지일지 계속 시험하고 싶다는 강렬한 욕구가 있었어요." 트라손이 역대 가장 화려한 수상 경력을 지닌 울트라 러너가 될 수 있었고, 대단한 성적으로 성별의 장벽을 완벽히 깨부수며 달리기뿐 아니라 다른 인듀어런스 스포츠에까지 영향을 미칠 수 있었던 것은 이 욕구 때문이었다. 그녀는 세계 신기록을 스무 번이나 갈아치웠고, 세계 최고의 울트라마라톤 경기인 웨스턴 스테이트에서 열네 번이나 우승했다. 그녀는 셀 수 없이 많은 기록을 세웠고 그녀가 세운 다수의 기록은 여전히 깨지지 않고 있다.

러너로서의 기량뿐 아니라 높은 수준의 학식을 갖추고 철학적이기까지 한 이 여성에게 어린 시절 부모님이 신발에 종을 달아야만 했던 그녀의 타고난 본성에 대해 물었다. 그녀는 이렇게 말했다. "도파민에 대해 궁금했던 적이 많았어요. 제 한계를 알아보고 싶다는 욕구, 제 능력을 뛰어넘어 더 많은 것을 성취하기 위해 스스로를 몰아붙이고 싶다는 갈망이 있었거든요. 이 욕구는 단 한 번도 제 안에서 사라진 적이 없죠. 생물학적 요인이 다는 아니겠지만 일부 영향이 있다는 것만은 확실한 것 같아요."

　최근 과학 연구를 통해 트라손의 짐작이 옳다는 사실이 드러났다. 몇몇 연구에서 성격의 40퍼센트가 유전적으로 타고나는 것으로 밝혀졌다. 미주리 주 세인트루이스에 자리한 워싱턴의과대학의 정신의학자인 C. 로버트 클로닝거 교수는 최근 개인의 성격 중 유전적으로 타고난 것, 즉 기질을 분석하는 시스템을 개발했다. 그의 연구에 따르면 타고난 기질과 특정 신경 전달 물질에 대한 반응성 간의 상관관계가 있다고 한다. 클로닝거가 분석한 네 가지 기질 유형 중 하나인 지속성은 특히 도파민에 둔감한 정도와 밀접한 관계가 있다. 도파민은 목표를 추구하는 과정에서 분비되는 물질이기 때문에 도파민에 둔감한 사람(기분이 좋아지려면 더 많은 양의 도파민이 필요한 사람)은 무언가를 지속하는 끈기와 확고한 투지, 멈추지 않는 추진력을 갖게 되는 것이다. 행복을 느끼기 위해 더 많은 도파민이 필요할수록 말도 안 될 정도로 힘든 도전을 계속하게 된다. 결과적으로는 본인에게 무척이나 해로운 일일지라도 말이다. 다시 말해, 도파민 불균형을 바로잡아야 한다는 의미이다. 지속성과 같은 성격적 기질이 개인의 노력이나 양육 방식으로 탄생한다고 믿고 싶겠지만 사실은 그렇지 않다. 트라손처럼 남달리 열정적일 수밖에 없도록 타고난 사람들이 있다. 이들뿐 아니라 사실 우리 모두 열정의 생물학에 지배당한다.

특정 행동을 반복할수록, 특히나 금메달을 획득하거나, 승진에
성공하거나, 연인을 유혹하는 등 긍정적인 피드백으로 이어지는
행동일 때 도파민의 분비가 늘어난다. 긍정적 보상을 얻기 위해 노
력할 때마다 도파민이 분비되어 흥분과 집중력이 높아지고 강력한
동기가 생성된다. 중독성이 강한 물질을 자주 접할 때와 마찬가지
로 시간이 흐를수록 우리의 뇌는 도파민에 둔감해지기 때문에 기
분이 좋아지기 위해선 더 많은 도파민이 필요해진다. 도파민에 대
한 갈망으로 인해 우리는 계속해서 무언가를 좇고 추구하게 되고,
이 과정에서 더 많은 양의 도파민이 나온다. 때문에 본질적으로 만
족감과는 거리가 먼 이 사이클은 쳇바퀴 돌 듯 지속되는 것이다. 이
런 사이클은 자연스러운 현상이다. 성취가 아닌 보상을 추구하는
과정에 중독되도록 프로그래밍된 진화적 결과이다.

신경 과학자인 마크 루이스는 저서 《욕망의 생물학The Biology of
Desire》을 통해 도파민 필요량의 변화, 즉 기분이 좋아지는 데 더 많
은 도파민이 필요한 원인은 '우리에게 깊은 영향을 미치는 강력한
경험의… 반복' 때문이라고 밝혔다. 이런 경험이 한 개인에게 점
점 더 중요한 의미로 자리 잡을수록 두뇌의 변화는 더욱 가속화된

다고 그는 설명했다. 여기에는 알코올이나 약물 사용도 포함된다. 루이스는 이렇게 적었다. "알코올과 헤로인이 따분한 경험을 선사한다면 그토록 비싸지도, 중독성이 강하지도 않을 것이다." 하지만 사랑에 빠지거나, 스포츠, 예술, 비즈니스에서 최고가 되기 위해 노력하는 것 역시 무언가 특별한 것을 얻기 위해 의도적으로 반복하는 행동으로 봐야 하는 것이 아닐까? 물론 이러한 노력을 하는 과정에서 느끼는 행복이 약물을 통해 얻어지는 쾌감과 유사할 수도 있다. 목표를 향해 달리는 것과 알코올이나 약물을 하며 얻는 결과는 크게 다르겠지만 우리의 두뇌에서는 상당히 흡사한 일이 벌어진다. 아주 강력한 감정에 중독되는 것이다. 얼마 후 자세히 알게 되겠지만, 파괴적인 중독과 생산적인 열정 사이에 차이가 있다면 겨우 종이 한 장 차이일 뿐이다.

유전자 · 환경과 열정의 관계

열정의 생물학 이면에 자리한 과학은 흥미진진하지만 사실 그 역사가 깊지 않다. 열정의 생화학적 매커니즘에 대한 견해는 과학의 발전에 따라 충분히 달라질 수 있다. 그럼에도 한 가지 중요한 사실은 분명해 보인다. 바로 우리가 열정이라고 생각하는 것 일부는 유전자 코드에 각인되어 있고 개인의 신경화학적 작용에 따라 증폭된다는 점이다. 남다른 끈기를 갖고 태어난 사람들도 있지만, 끈기와 무관하게 의미 있는 활동을 반복하는 것은 누구나 경험한다. 마라톤에서 기량을 높이기 위해 끊임없이 연습하고, 기타 치는 법을 배우고, 회사를 차리고, 자신의 일에서 성공하기 위해 박차를 가하고, 사랑하는 사람과의 관계에 깊이 빠져드는 것 모두 포함된다. 무언가 혹은 누군가를 향해 강력한 갈망을 느낄 때 도파민이 뇌를 가득 채우며 그 순간 행복을 느끼고, 한 번 느낀 이 행복을 미래에 다시 갈구하게 된다. 이렇게 열정에 중독되는 것이다.

흥미로운 이야기인 것만은 분명하다. 하지만 이게 다일까? 그렇지 않다. 유전적인 기질도 중요하지만 가정환경이나 경험 역시 마찬가지로 중요하다. 인간의 DNA는 우리가 처한 무수한 환경적 요인에 따라 다르게 발현된다. 일란성 쌍둥이의 경우 유전자 코드가 일치하지만, 열정의 정도에 따라 서로 다른 삶을 산다. 열정을 불러일으키는 것이 무엇인지 정확히 이해하기 위해서는 생물학적 요인 외에 심리학적 요인도 살펴봐야 한다.

- 열정은 도파민이라는 신경 전달 물질에 영향을 받는다.

- 도파민은 우리가 무언가를 성취했을 때 기쁨과 만족을 느끼게 하는 것
  이 아니라, 무언가를 좇고 추구하는 과정에서 희열을 느끼게 한다.

- 우리는 모두 열정의 생물학 영향 아래 있다. 의미 있는 보상을 제공하
  는 활동을 좇을수록 더 많은 도파민이 분비되고 이 과정이 반복되며 점
  차 도파민에 대한 저항성이 커진다.

- 열정과 만족, 이 아름다운 두 가지 감정이 공존할 수 없는 데에는 생물
  학적 원인이 있다. 우리가 무언가를 좇는 과정에 중독되는데 이때 열정
  이 탄생한다.

열정의 심리학

2009년 지구력 운동선수인 리치 롤은 〈맨스 피트니스〉 매거진 선정 '세계에서 가장 건강한 남성 25인 중 한 명'으로 뽑혔다. 울트라 러너인 앤 트라손과 달리 롤은 어린 시절 넘치는 에너지로 부산을 떨거나, 한 가지 목표를 향해 집요하게 파고들지 않았다. 오히려 롤은 부드러운 말투에 수줍음이 많은 성격으로 침착하게 행동하는 편이었으며 아웃사이더이기도 했다. "어린 시절부터 외롭게 지낸 편이었습니다. 어디에도 속하지 못했어요. 당시를 되돌아보면, 항상 제 자신에 대한 확신이 부족했던 것 같아요. 제 자신에게 또 세상에게 저를 증명해 보이고 싶었습니다."

롤은 목표지향적인 가풍에서 자랐다. 그는 가족에 대해 이렇게 설명했다. "의욕과 성취가 가훈이나 다름없었죠." 학업 성적이 우수했던 그는 스탠포드대학교에 합격했음에도 부모님의 기대에 부응하지 못했다는 생각을 결국 지울 수 없었다. "부모님의 기준은 정말 높았고, 제가 아무리 노력해도 두 분을 만족시킬 수 없을 것 같았습니다." 학업 '문제' 외에도 롤은 대인관계에서도 어려움을 겪었다. "어딜 봐도 이상하고 특이한 아이였어요. 발야구 팀을 정할 때도 마지막에야 이름이 불렸고, 치아 교정기에, 한쪽 눈에는 안대를 하고 있었고, 운동장 한쪽에서 아이들에게 괴롭힘도 당하고, 배우는 것도 느린 편이었거든요. 어땠는지 대충 아시겠죠."

아홉 살의 롤을 떠올리면 왜 스스로 모자란 사람이라고 생각했는지 이해가 간다. 하지만 이 모든 상황은 중학생이 된 후 시작한 수영에서 두각을 나타내며 완전히 바뀌었다. "제게 천부적인 재능이 있다고 말할 수는 없지만, 확실히 물에서 강한 모습을 보였어요." 그는 당시를 떠올리며 이렇게 설명했다. 자기 자신에 대한 불신과 회의에 몇 년 동안 사로잡혔던 롤은 자신이 남들보다 월등해지는 공간을 찾아냈다. 우리는 롤에게 취미가 아닌 선수로서 수영을 배우기 시작했을 때 어떤 생각이 들었는지 물었다. 그는 이렇게 설명했다. "수영은 제 자신을 증명해 보일 기회였어요. 저 역시도 성공할 수 있다는 것을 보여줄 수 있었죠."

고등학생 시절 내내 제일 일찍 수영장에 도착해 제일 마지막까지 연습을 했던 롤은 수영에 푹 빠졌고, 수영장 바닥에 그려진 검은색 선과 남다른 우정을 쌓아 나갔다. 그는 계속해서 수영에만 매달렸다. 수천 시간의 훈련 끝에 그는 스탠포드대학의 수영팀에 발탁되었고, 열정적인 사람들 이야기에 늘 등장하듯 그는 건전하지 않은 중독에 빠져 한 동안 힘겨워하다가 울트라맨 대회, 320마일 철인 3종 경기 등을 완주하며 세계 최고의 지구력 운동선수 중 한 명이 되었다. 롤이 어린 시절 느꼈던 불안감이 거대한 땔감이 되었고, 수영은 뜨거운 열정에 불을 지피는 계기가 된 것이다. 롤의 이야기에는 혹시 또 다른 사연이 숨어 있는 걸까?

재능은 역경 속에서 탄생한다

영국 에섹스대학의 교수이자 의학박사인 앨런 세인트 클레어 깁슨은 통합 신경과학 분야의 전문가이다. 그는 평생을 바쳐 인간의 정신과 몸의 상관관계에 대해 연구했다. 깁슨은 열정이란 오래전 프로이트가 자아의 취약성이라고 명명한 것에서 부분적으로나마 기인했을 것이라고 생각했다. 개인이 과거에 겪었던 괴로운 경험을 차단하기 위해 나쁜 기억이나 경험을 억눌러 잠재의식 저 아래로 묻어버리지만 당시의 감정을 억누르기에는 한계가 있다고 설명했다. 깁슨의 말에 따르면, 감정은 '외부적 동기나 열망으로 표출되고, 하등 아무런 관계가 없는 활동을 향한 에너지로 발현된다.' 깁슨은 억눌린 감정이 다른 에너지로 전환되는 전형적인 증상이 바로 '프로젝트나 목표를 향한 비정상적인 애착'이라고 말한다.

깁슨은 프로이트의 학설이 이제는 크게 인정받지 못한다는 것을 잘 알고 있다. 하지만 과거의 괴로운 사건과 불안이 훗날 겉보기에는 아무런 연관이 없어 보이는 대상을 향한 집착으로 발현되는 자아의 취약성이라는 개념은 현대 과학을 통해 충분히 입증되고 있다. 예컨대, 영국의 프레스턴에 위치한 센트럴랭커셔대학의 연구진은 지치지 않는 투지를 지닌 최고 성과자들 다수가 어린 시절 역경과 고난, 즉 트라우마를 경험했다고 밝혔다. 예를 들어, 각각의 스포츠 분야에서 최고 수준의 성과를 보인 운동선수들 가운데 형제자매가 유독 많거나(부모의 관심을 두고 경쟁이 심했다는 의미이다), 이혼 가정에서 자란 경우가 눈에 띄게 많았다. 누구나 아는 관용구인 '재능은 역경trauma 속에서 탄생한다'는 말과도 일맥상통하는 연구결과이다.

물론 '트라우마'는 사람에 따라 다르다. 부모 중 한 명이 돌아가시거나 형제자매가 교도소에 수감되거나 초등학교 시절 괴롭힘을 당하는 등 '잘나가는 아이들'과 같이 어울릴 수 없었던 것 모두 트라우마가 될 수 있다. 어떤 식으로든 자아가 약해지는 파괴적인 경험이라면 훗날 열정과 투지를 촉발시키는 계기가 될 수 있다. 깁슨은 이렇게 설명한다. "과거의 트라우마는 '상'을 받을 때까지는 멈출 줄 모르는 내면의 혼종을 만들어냅니다."

트라우마는 보통 오래된 과거에서 비롯될 때가 많지만, 반드시 그런 것만도 아니다. 테크놀로지의 거물 짐 클라크는 이렇게 말했다. "서른여덟 살 때였습니다. 회사에서 해고당했어요. 재혼한 아내도 저를 떠났죠. 삶이 망가진 상태였습니다. 무언가를 이루고 싶다는 광적인 열정이 샘솟았죠." 30대 후반, 몇 가지 큰일을 연이어 겪은 후 클라크의 내면에 불씨가 당겨졌다. 당시 새롭게 등장한 기술을 열정의 대상으로 삼았고, 얼마 후 그의 '내면의 혼종'이 세계 최초의 상용 웹브라우저인 넷스케이프를 설립해 인터넷 환경을 바꿔놓았다. 그것을 시작으로 클라크는 여러 테크 기업을 세웠고 실리콘밸리 최초의 억만장자 중 한 명이 되었으며, 마이클 루이스 저서의 주인공이 되기도 했다.

처음 클라크의 투지는 자신의 능력을 입증해 보이고 싶다는 욕망에서 비롯되었겠지만, 한번 발휘된 열정을 도저히 멈출 수가 없었다. 이미 그가 성공을 쟁취한 후에도 말이다. 클라크뿐만이 아니다. 유별난 열정을 지닌 사람들은 과거 트라우마를 경험한 경우가 많았고, 이는 앞서 언급했던 생물학적 원인 때문만은 아니었다. 목표를 향한 끊임없는 투지는 도파민 사이클과 끊임없는 갈망이라는 원인 때문에 생겨난 증상이 아니라 하나의 도피처 역할을 하는 것이다. 모든 것을 내걸어 열정을 불태울 때 시야가 좁아지고, 내면의 고통이 가려지며, 불편한 감정이 사라지고, 자신의 삶을 통제할 수 있을 것 같은 기분에 사로잡힌다. 집착이 곧 은신처가 되는 것이다. 결핍으로 인해 생겨난 공허함을 채울 수 있는 도피처이다. 혼돈에서 도망치고, 소음을 잠재울 수 있는 기회이다.

내면을 온기와 행복으로 채운 나탈리는 누구도 자신을 거부하지 않을 거라는 위안과 더불어 완벽에 가까운 무언가를 느꼈다. 완벽하고도 효율적인 단계를 충실히 따르며 그녀는 다른 누구에게도 의지하지 않고, 그 누구도 앗아갈 수 없는, 홀로 온전히 만족하는 상태에 진입했다.

신경 과학자인 마크 루이스가 헤로인 중독자인 나탈리에 대해 설명한 글이다. 그러나 이 글이 올림픽 수영선수 나탈리, 예술가 나탈리, 작가, 스타트업 창업자, 컴퓨터 프로그래머 나탈리를 묘사한 글이라 해도 전혀 이상하지 않다. 훌륭한 운동선수, 창작활동을 하는 예술가, 기업인 가운데 은퇴를 한 후 약물 남용과 도박 중독에 빠지는 사람들이 그토록 많은 데는 이유가 있다. 열정에서 벗어날 때 주의를 기울이지 않는다면 (이후 자세히 다룰 예정이다) 목표를 향해 맹렬히 달려가도록 만들었던 생물학적, 심리적 요인이 어느새 불행한 결과의 씨앗이 된다. 열정과 중독의 뿌리는 결국 같다.

열정과 중독의 상관관계

열정과 중독의 관계성이 늘 파괴적이기만 한 것은 아니다. 몬트리올대학교의 정신의학과 교수 패트리샤 콘로드는 '프리벤처'라는 새로운 프로그램을 개발했다. 프리벤처는 중독과 열정의 긴밀한 상관관계에 따라 아이들의 성격을 분석한 후 약물 중독의 '위험군'에 속하는 아이들을 위한 상담프로그램이다. 약물중독 위험군으로 선발된 아이들의 '중독 성향'을 생산적인 활동에 쏟도록 변화를 유도하는 것이 프리벤처의 가장 중요한 목표이다. 2013년, 영국 학교 스물한 곳에서 13~14세의 아이들 2천 600명 이상을 대상으로 진행한 연구를 통해, 프리벤처에 등록된 아이들이 폭음을 일으킬 위험이 43퍼센트나 감소되었다고 밝혔다. 위험에 노출되기 쉬운 성향을 지닌 아이들의 미래를 중독자에서 전도유망한 기업인 혹은 운동선수로 탈바꿈시키는 데 이 프로그램은 매우 중요한 역할을 한다.

"굶주릴 때, 사랑에 빠졌을 때, 자녀를 양육할 때 부정적인 결과에도 불구하고 끈기 있게 현재의 행동을 지속하는 힘, 바로 중독 행동의 본질이기도 한 이 심리는 컴퓨터 프로그래밍 용어로 표현하자면 버그가 아니라 피처feature(특징-옮긴이)입니다." 심리학자이자 신경과학 저널리스트인 마이아 설라비츠는 저서《망가지지 않은 두뇌Unbroken Brain》에서 이렇게 적었다. "한편, '우리의 생존과 번식에 필요한 긍정적 행동을' 촉진하도록 형성된 두뇌 경로가 중독으로 전환될 때 생존을 가능케 했던 고마운 두뇌의 프로그래밍이 금세 저주로 바뀐다. 사랑을 할 때와 중독에 빠질 때 두뇌회로의 변화는 동일하다."

사회적으로 비난받는 행동과 극찬받는 행동을 촉발하는 요인은 같을 때가 많다. 열정적인 삶을 이끄는 이 요인들은 순식간에 변질되어 삶을 망가뜨리는 중독과 질병의 원인이 된다. 트라손이 어린 시절 겪었던 과잉 행동 장애나 롤의 어두운 유년시절, 프리벤처 프로그램의 위험군으로 지정된 아이들의 사례처럼, 대단한 열정으로 사람들의 존경을 받고 위대한 성공을 맞본 이들은 생물학적, 심리학적 단점을 자신의 강점으로 만들어 긍정적인 방향으로 활용하고 통제했다. 우리 두 사람이 가슴 깊이 깨달은 진실이자 노력하려는 부분이기도 하다. 이 책의 집필을 포함해 수많은 성공을 가능케 했던 열정과 강박적 사고로 인해 우리는 가장 어둡고 끔찍한 경험을 해야 했던 적도 있다. 현재 강박장애OCD를 치료중인 브래드의 경우 증상이 최악으로 치달을 때면 말로 형언할 수 없는 깊은 어둠과 끝없는 피로함을 느낀다. 한편, 스티브는 의학적으로 진단을 받은 것은 아니었지만, 러너의 세계에서 최고의 선수로 활약하던 시절 중요한 경기를 앞두고 특정 행동을 완수해야 한다는 강박(문고리를 만진다거나 알람을 정해진 횟수만큼 껐다 켰다 하는 등)에 시달리기도 했다. 몇 번이고 강조해도 지나치지 않다. 좋은 것과 나쁜 것, 생산적인 것과 파괴적인 것, 도파민이 투지를 일깨우는 때와 행동 장애를 불러일으키는 때 그 사이에는 종이 한 장의 차이만 있을 뿐이다.

이제부터는 어떤 일에 열정을 쏟아야 하는지, 열정을 다해 그것을 좇을 때 어떤 일이 벌어지는지, 그리고 어떻게 해야 건강한 열정을 함양해 긍정적인 방향으로 이끌 수 있는지에 대해 살펴볼 예정이다. 3장에서는 열정을 찾는 방법과 현재 당신의 열정이 올바른 형태의 열정인지 분별하는 방법에 대해 이야기할 것이다. 4장은 어둡고 부정적인 열정에 대해 살펴보고, 생산적이었던 열정이 파괴적으로 변해가는 과정에 대해 다룰 예정이다. 우리가 열정을 좇는 과정에서 어떤 문제가 발생하는지 알고 있으면 상황이 심각해지기 전에 미리 문제를 해결할 수 있다. 5장에서는 앞서 나온 어두운 열정과는 다른 가장 이상적인 형태의 열정을 소개하고, 열정을 유익한 방향으로 이끌기 위해서 반드시 필요한 태도에 대해 자세히 설명할 예정이다. 이 장을 통해 열정이 긍정적이거나 부정적으로 변하는 데는 개인의 마음가짐과 자아가 큰 역할을 한다는 점을 깨닫고, 삶과 조화를 이루는 열정을 함양하기 위한 구체적인 방법을 배우게 될 것이다. 6장에서 다룰 내용은 열정과 '균형'이 공존할 수 있는지에 관한 문제이다. 지치지 않는 열정을 발휘하는 동시에 삶에서 다른 즐거움도 놓치지 않는 것이 가능할까? 그러기 위해 노력이라도 해봐야 할 것인가? 뜨겁게 열정을 좇으면서도 번아웃을 피할 방법이 있을까? 7장에서는 자기지각의 힘에 대해 논하며 평생 열정을 유지하기 위해서 자기지각이 중요한 이유는 무엇이고 또 어떻게 자기지각에 이를 수 있는지에 관해 이야기할 것이다. 마지막으로 8장을 통해 품위와 의욕을 잃지 않으면서 열정에서 벗어나는 방법을 배우게 될 것이다.

열정의 법칙 _

- 열정에는 생물학적 원인뿐 아니라 심리학적 원인도 있다.
- 개인의 주관적인 고통이나 '트라우마'가 생산적인 열정의 밑거름이 되기도 한다.
- 열정을 추구하는 행위는 삶의 결핍을 잊게 해주는 심리적 도피처가 된다. (파괴적 행동을 하지 않게 되므로) 생산적인 동시에 (근본적 문제를 마주하지 않으므로) 해롭기도 하다.
- 근본적으로 열정을 가능하게 하는 생물학적, 심리적 동기와 중독을 일으키는 동기가 같다. 때문에 자기 자신은 물론 자녀들이 이 동기를 올바른 방향으로 발현할 수 있도록 앞서 대비하는 것이 중요하다.

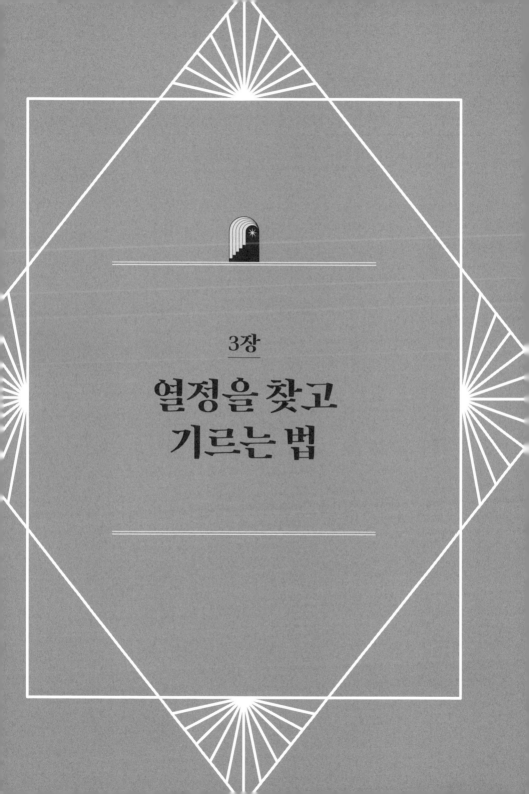

3장

열정을 찾고
기르는 법

MASTERY MINDSET

내 안에 숨은 열정과 만나기

인류의 역사가 기록된 이래로 사랑이라는 강렬한 감정을 이해하려는 노력은 계속되어 왔다. 철학자, 예술가, 시인, 과학자가 자신의 분야에서 사랑이라는 주제를 두고 형이상학적, 정신적, 생화학적으로 다양한 연구를 진행했다. 어린 시절 우리는 왕자님이 등장하는 동화와 열렬한 사랑 이야기를 들으며 자랐고, 운명의 상대를 알아보는 방법에 대한 이야기를 수없이 들었다. 한눈에 사랑에 빠지고, 보는 순간 직감적으로 느끼고, 단 한시도 머리에서 지울 수 없는 상대가 바로 운명의 상대라고 말이다. 진정한 사랑만 찾으면 모든 슬픔이 사라질 거라고 사람들은 말한다. 있는 그대로의 내 모습을 받아들이고 내 부족한 부분까지 채워주는 소울메이트를 찾는다면 내면의 좌절감은 눈 녹듯이 사라지고, 그 한 명만 찾는다면 만족스럽고 행복한 삶을 누릴 수 있다고 한다.

단 하나의 사랑이 지닌 의미는 대부분의 사람들 마음속에 새겨져 있다. 주인공이 마침내 진정한 사랑을 쟁취하는 디즈니 애니메이션을 본 지 벌써 수십 년이나 지났음에도 아직도 많은 사람들의 머릿속에는 자신에게 어울리는 단 하나의 '짝'이 있을 거라는 믿음이 있다. 마리스트 여론조사기관에서 진행한 한 설문조사에 따르면 소울메이트의 존재를 믿는 사람이 73퍼센트나 된다고 한다.

하지만 항상 그런 것만은 아니다. 소울메이트라는 단어는 20세기에 들어선 후에야 널리 쓰이기 시작했다. 그 전까지만 해도 사랑과 결혼은 훨씬 더 미묘하고 어쩌면 실용적이기까지 한 개념이었다. 사랑은 원초적인 감정에서 그치지 않고 이성적으로 접근해야 할 대상이었다. 영원한 사랑이 반드시 그 순간의 강력한 끌림에서 비롯되는 것은 아니라는 믿음은 한참을 거슬러 올라가 고대 그리스인들에게서 시작되었다. 이들은 사랑을 배우자에게서 평생 동안 배우고 가까워지는 과정으로 이해했다. 순간의 교감보다는 함께 일구고 키워나가는 개념이었다. 수천 년 동안 인간은 완벽한 짝을 찾아야 한다는 것에 집착하는 대신 시간을 들여 깊은 유대감을 쌓아나가기 위해 노력했다.

그러나 19세기 이성적 사고보다는 감정을 중시하는 낭만주의가 등장하며 기존의 사랑에 대한 인식이 서서히 변하기 시작했다. 낭만주의자들은 이성은 무시한 채 개인이 경험하는 감정과 감각을 따라야 한다고 주장했다. 사랑이란 이 세상에 단 하나뿐인 내 짝을 찾은 것만 같은 순간의 끌림과 짜릿한 감정으로 이해하기 시작했다. 사회 과학자들이 '사랑의 운명적 관점'이라 부르는 이러한 사고방식은 오늘날까지도 만연해 있다.

운명적 사고방식

사랑을 이런 관점으로 볼 때 어떠한 결과가 초래될까? 연구진은 운명적 사랑을 믿는 사람들은 첫 갈등의 전조만 보여도 관계를 정리할 확률이 높다는 사실을 발견했다. 어떤 문제가 생기면 이들은 이 사람은 내 짝이 아니라고 생각하고, 자신의 진짜 짝을 찾아 나선다. 운명적 관점에서는 완벽한 상대를 선택하는 것이 전부이기 때문이다. 따라서 이성 관계를 서로 노력하고 개선해나가는 과정으로 보지 않고, 제대로 된 짝을 찾는 것에 성패가 달려 있다고 생각한다. 상대에게서 단 하나뿐인 소울메이트라는 확신이 100퍼센트 들지 않으면 무조건 내 짝이 아니라는 식이다. 불행하게도 사랑의 운명적 관점은 사람들에게 잘못된 인식을 심어줄 때가 많다. 이것 아니면 저것이라는 양자택일의 관점으로 사랑을 보기 때문에 사람들은 환상에 불과한 완벽한 무언가를 찾아 영원히 헤맨다.

　사랑을 바라보는 관점은 단순히 연인 관계뿐 아니라 우리가 열정을 추구하는 방식에도 영향을 미친다. 앞서 말했듯이 열정과 사랑 사이에는 깊고도 밀접한 상관관계가 있다. 따라서 열정을 찾는 것 역시 사랑과 마찬가지로 완벽함을 기준으로 삼아야 한다는 것이 일반적인 믿음이다. 새로운 취미 활동이나 일을 시작할 때 첫 느낌, 첫인상에서 자신에게 잘 어울리는 일인지 한눈에 알아볼 수 있다는 막연한 기대가 있다. 처음 시작부터 이러한 긍정적인 감정을 느끼지 못했다면 계속해서 다른 일을 찾는다.

　아직은 그 규모가 작지만 점차 커지고 있는 열정 연구 분야에서 이런 태도를 열정의 '운명적 사고방식fit mind-set'이라고 부르는데, 사랑의 운명적 관점과 무척 유사한 개념이다. 최근 한 연구에 따르면 열정의 운명적 사고방식을 지닌 사람들, 즉 처음부터 열정적으로 빠져들고 첫눈에 본능적으로 자신의 천직이라는 느낌을 주는 활동이나 직업을 찾아야 행복을 얻을 수 있다고 믿는 사람이 78퍼센트나 되었다.

많은 사람들이 믿는다고 해서 반드시 옳은 것만은 아니다. 운명적 사고방식을 지닌 사람은 첫 느낌을 과장되게 해석하는 경향이 있다. 자신이 빠져들 대상을 선택할 때 (특히나 직업을 고를 때) 성장 가능성이 아니라 사전 평가를 기준으로 삼는다. 성장 가능성이 큰 일이 삶에 더욱 큰 충만함과 만족을 전해줌에도 말이다. 열정의 운명적 사고방식을 지닌 사람들은 조금이라도 어려움이나 실망의 조짐이 보이면 어깨를 으쓱이며 이건 나랑 안 맞는 것 같아 말하고는 포기할 확률이 훨씬 높다. 뿐만 아니라 몇몇 연구를 통해 운명적 사고방식을 지닌 이들은 시간이 흐를수록 본인의 열정이 점차 약해질 것이라고 스스로도 예상한다는 것이 밝혀진 만큼 이들은 초창기의 열의가 빛을 다한 후에는 중년의 위기가 찾아올 위험에 노출되어 있는 상황이다. 이 모든 것을 종합해봤을 때 한 가지 흥미로운 결론에 이른다. 열정의 운명적 사고방식은 우리를 억압한다. 즉각적인 행복을 주는 활동만 지속하게 하고, 도전과 변화를 이겨내지 못하도록 만든다.

흥미가 이끄는 방향

물론 자신의 열정을 찾는 과정에서 새로운 아이디어나 일을 접할 때 느끼는 짜릿함을 중요하게 여기지 말라는 의미는 아니다. 그러나 시작부터 '바로 이거야'라는 생각이 드는 일에만 집착해서는 안 된다. 첫눈에 흠뻑 빠지는 완벽한 사랑을 좇는 사람들이 결과적으로는 사랑을 찾지 못하는 것처럼, 첫눈에 완벽한 열정을 찾고자 하는 사람들 역시 결국 아무런 열정도 찾지 못하게 된다. 따라서 열정을 찾기 위해서는 완벽함에서 재미로 기준을 낮추고, 열린 마음으로 자신이 흥미를 느끼는 대상을 좇는 것이 현명하다.

역대 영화 매출 순위 상위권에 아직도 자리하고 있는 타이타닉의 제임스 카메론 감독은 〈맨스 저널〉과의 인터뷰에서 이 영화를 최고 블록버스터로 만들고 싶은 생각도 없었고, 그렇게 될 줄도 몰랐다고 한다. 그의 포부는 단순했다. "영화 제작사 임원들이 제 말을 믿지는 않았던 것 같지만, 그 배를 직접 보고 싶었기 때문에 타이타닉을 제작하기로 결심했습니다. 남의 돈으로 바다 속에 가라앉아 있는 타이타닉을 볼 수 있는 방법이 없을까? 이런 생각이었죠." 카메론은 자신이 재밌어하는 일을 좇은 것뿐이었다. 역사상 아마도 가장 많은 사랑을 받았다 할 수 있는 작품의 탄생은 예상치 못한 결과물이었다. 〈맨스 저널〉에 밝힌 것처럼 영화는 '개인적인 도전' 과정에서 생긴 부산물이었다.

텍사스대학에서 철학박사 과정을 이수하고 있는 서른두 살의 마리사 뉴먼도 있다. 십 수 년 전, 뉴먼은 대학에서 철학을 전공했다. 그러나 대부분의 철학 전공자들처럼 그녀 역시 (주변 사람들의 조언도 한몫 했지만) 철학자로서 먹고 살 길이 없다는 생각에 대학 졸업 후 로스쿨에 진학했다.

로스쿨에 간 뉴먼의 흥미를 자극하는 것은 항상, 오로지 철학 관련 수업이었다. 여가 시간이 생기면 그녀는 법률 검토서나 '어보브 더 로우Above the Law'와 같은 업계 유명 블로그 글을 읽는 것이 아니라 철학서를 읽었다. 3년 후 법학 학사를 취득했지만 뉴먼은 변호사로는 행복과 성취감을 얻을 수 없을 것 같았다. 그러나 여전히 학자금 대출이 남아 있었고, 철학 전공으로 생계를 이어갈 일이 막막하여 직업 전선에 뛰어들었다. 그 후 광고, 비영리 활동, 모금 조성 등 다양한 일을 했다.

언뜻 보기에는 뉴먼이 법은 물론 철학과도 동떨어진 삶을 사는 것처럼 보였지만 사실 그녀는 자신이 관심 있는 분야에 정진하고 있었다. "제 업무에서 가장 좋아했던 점은 정말 중요한 질문을 묻고 그 답을 찾아가는 과정이었어요. 어떤 일이든 대의가 무엇인지 생각하며 일했죠. 지금 우리가 이 일을 하는 목적은 무엇인가? 목적을 달성하는 것뿐만 아니라 어떤 방향으로 나아가야 할까? 이런 질문들이요." 몇몇 동료들은 그녀가 승진을 하고 싶은 욕심에 일부러 경영진 앞에서 눈에 띄려고 한다는 오해도 했다. 하지만 그런 목적이 아니었다. "이런 중요한 대화가 제게는 꼭 필요한 것이었고, 경영진들이 이런 대화를 함께 나눌 수 있는 상대였죠." 그녀는 이렇게 설명했다. 뿐만 아니라 평소에도 그녀는 철학 관련 책을 계속 읽고, 철학적 담론을 추구했다. 철학에 대한 가능성을 닫아두지도 않았지만 유일하고도 오직 하나뿐인 길이라고 여기지도 않은 채 열린 태도를 유지했다.

"단 한 순간도 '우선 돈을 벌어 학자금을 모두 갚고 난 후 철학으로 길을 찾아야겠다'고 생각한 적이 없어요. 호기심이 이는 분야로 나아갔고, 제가 좋아하고 또 재밌어 보이는 일을 한 거죠." 그녀는 이렇게 설명했다. 5년 후, 뉴먼은 로스쿨을 다니며 생겼던 학자금 대출을 모두 갚고 철학박사 과정에 지원했다. "지금 생각해보니 대학을 입학했던 열여덟 살 때부터 나름의 계획이 있었던 것 같아요. 하지만 이 모든 일을 계획한 것은 아니었죠. 제가 흥미 있는 분야를 좇았고, 제 앞에 펼쳐진 가능성을 따랐을 뿐이에요."

마음을 이끄는 흥미와 집중력

무언가 당신의 관심을 끄는 것이 바로 '흥미'이다. 어떤 일이나 아이디어가 끌어당길 때면 우리는 선택을 마주하게 된다. 마음에 따라 관심이 생기는 일에 조금 더 파고 들 것인가? 아니면 잠깐의 강렬한 이끌림이라 치부하고 무시할 것인가? 이 신호를 무시하는 순간, 당신의 두뇌에는 일이나 아이디어가 별로 가치 없는 일이라는 강력한 메시지가 각인된다. 이후부터는 비슷한 상황이 닥칠 때 당신의 두뇌는 흥분이라는 신호를 보내지 않는다. '좇을 가치가 없는 일이다'라는 메시지를 이미 받았기 때문이다. 그러나 만약 처음 흥미가 생길 때 그 신호를 놓치지 않는다면 앞의 상황과는 반대로 '내가 흥미를 느끼는 일에는 에너지와 집중력을 쏟을 가치가 있다'는 신경 회로가 생성된다. 흥미는 탐험을 불러온다. 어쩌면 위대한 결과로 이어질 수도 있는 길로 첫 발을 내딛는 것이다. 하지만 당신이 부름에 응할 때만 가능한 일이다.

열정의 법칙_

- 열정에 대한 당신의 태도를 생각해보라. '운명적 사고방식'으로 열정을 대하는가? 만약 그렇다면 당신 혼자만이 아니다.

- 열정의 운명적 사고방식에는 몇 가지 위험이 있다.

  - 역경이나 어려움이 찾아오는 순간 새로운 일을 포기할 확률이 높다.

  - 단기간의 즐거움을 위해 장기적 성장과 개발을 이뤄낼 수 있는 기회를 잃게 된다.

  - 시간이 흐름에 따라 당신이 하고 있는 일이 지닌 의미가 변해 결국 당신은 '중년의 위기' 앞에 무너질 확률이 높다.

  - 매번 자신에게 맞지 않는 일이라 여기며 이 일 저 일 옮겨 다니다보니 열정을 오래 지속할 수 없다.

- 새로운 아이디어나 일을 시작할 때 완벽함을 좇겠다는 생각에 집착하다간 아무것도 이룰 수 없다.

- '완벽'이 아닌 '흥미'를 따라야 한다. 첫눈에 완벽하다고 느끼는 일보다 열린 마음으로 자신의 관심과 흥미가 생기는 일을 즐겁게 탐험하는 자세가 필요하다.

내가 어떻게 해
증후군을 극복하라

앞서 자신의 흥미를 좇는 일을 상세하게 설명했다. 그러나 안타깝게도 잠깐의 끌림이나 호기심이 생겨도 그냥 무시하고 넘어가는 일이 많다. 시간이 없다고 말하고는 스마트폰이나 해치워야 할 일을 급하게 처리한다. 혹은 강한 흥미에 사로잡혀도 이내 나 자신의 정체성과 어울리지 않는 일이라고 단념한다. 우리는 이러한 내면의 저항을 '내가 어떻게 해 증후군'이라고 부른다. "경영대학원을 나왔는데, 갑자기 무슨 예술이야?" "난 에세이 작가가 아니라 의사라고!" "예순넷이나 되었고, 내 평생 한 번도 몸을 쓰는 일을 해본 적이 없는데, 뭘 이제 와서?"

'내가 어떻게 해 증후군'은 나이가 들수록 심해진다. 이뿐 아니라 경로 의존성(일정한 경로에 의존하기 시작하면 후에 이 경로가 비효율적이란 것을 알게 되도 벗어나지 못하는 사고-옮긴이) 즉, 이미 특정한 경로에 진입했고 이 길에 머무는 것이 최상의, 어쩌면 유일한 선택이라는 믿음이 강하게 자리 잡는다. 하지만 경로 의존성은 더욱 충만한 삶을 살 수 있는 기회를 가로막는다. 현재 자신이 속한 분야나 본인의 정체성에 상충한다 하더라도 관심이 가는 일에 기꺼이 뛰어들지 않는다면 자신에게 어울리는 길인지 영영 알 수 없다. 과거의 경력이나 경험에 얽매여 스스로를 규정하는 생각에 저항해야만 한다. 어떤 일이나 아이디어를 충분히 경험해보기도 전에 지레 내 시간과 에너지를 낭비할 가치가 없는 일이라고 속단하는 편협한 사고방식으로 그간 얼마나 많은 열정을 묵살시켜왔는지 생각해보길 바란다.

탐험할 의지가 중요한 이유는 열정을 찾아가는 길고 긴 여정에서 잘못된 길로 접어드는 일이 많기 때문이다. 처음에는 아주 즐겁게 느껴졌던 일이나 직업, 활동을 해보면 예상과는 많이 다르다고 느낄 때가 많다. 그러나 탐험을 계속 하겠다는 용기를 잃어선 안된다. 아무 일이나 혹은 모든 것을 좋아야 한다는 뜻이 아니라, 열린 태도를 유지하면서도 처음 당신의 관심을 사로잡았던 일을 금방 내팽개치지 않아야 한다는 뜻이다. 무슨 일이든 처음부터 완벽하게 느껴지지 않는 일을 쉽게 포기하는 운명적 사고방식을 경계해야 한다. 다만 이 일이 열정으로 탄생할 수 있을지 정확하게 판단할 수 있을 때까지 시간을 들여 자신의 흥미를 좇을 자유를 스스로에게 허락해야 한다. 어떤 일이 열정으로 이어질 수 있을지 판단하기 위해선 보통 세 가지 가장 기본적인 욕구가 충족되어야 한다.

**열정의
법칙 _**

- 어떤 아이디어나 일에 관심이 생길 때는 기꺼이 도전하고 뛰어들 자유를 스스로에게 허락한다.
- 자기 자신에게 하는 이야기 혹은 과거의 경험에 발이 묶여선 안 된다.
- '내가 어떻게 해 증후군'을 이겨내고, 현재 자신의 위치와 다를지라도 강력한 끌림이 느껴지는 순간을 놓치지 않는다.
- 대단한 열정은 사실 누군가 자신의 흥미를 그저 좇았을 때 탄생한다는 것을 명심한다.

지속가능을 위한
세 가지 기본 욕구

1970년대 초 심리학자인 에드워드 데시와 리처드 라이언이 창시한 자기 결정성 이론은 이후 동기에 대한 학계의 관점을 완전히 뒤바꿔놓았다. 데시와 라이언은 (오늘날까지도 널리 퍼져 있는) 기존의 정설을 뒤집어 무언가를 추구하는 개인의 동기는 보통 돈, 명성, 인정 등 외부적 요인에 의한 것이 아니라는 것을 발견했다. 오랫동안 지속될 수 있는 동기는 유능성, 자율성, 관계성이라는 세 가지 기본 욕구를 충족할 때 가능해진다는 것이다.

  1. 유능성은 과거에 비해 더욱 발전하기 위한 개인의 노력과 능

력에 대한 자신감이다. 노력에 아무런 성과가 없다면 애초에 왜 노력을 해야 하는가? 실력이 향상되고, 즐거움이 커지는 등 어떤 식으로든 '성공'을 얻을 수 없다면 왜 지속해야 하는가? 유능성은 어떤 행위와 관련해 명확한 성과를 느끼고 싶은 인간의 기본 욕구를 충족시킨다. 인풋이 있다면 아웃풋을 원하는 것이 당연하다.

2. 자율성은 진정성과도 유사한 개념으로, 한 개인의 진정한 모습에 반하지 않는 것을 뜻한다. 당신이란 사람과 당신이 하는 일이 연결선상에 있어야 한다는 의미다. 자신의 핵심가치와 신념을 반영하는 일을 해야 하고, 자신의 내면을 표현할 수 있어야 한다. 안타깝게도 내면의 충족감보다는 외부적 보상을 중요시하는 현대 사회에서 너무나도 많은 사람들이 자율성이라는 기본 욕구를 누리지 못하고 있다. 그러나 워싱턴대학의 연구진에 따르면 열정과 행복을 오래 지속하기 위해서는 자율성이 무척 중요하다고 밝혔다.

한 인간의 본모습을 온전히 투영하는 일을 할 때 가장 좋은 점은 그 일이 당사자에게 방향과 목표 의식을 제공한다는 것이다. 인간의 근원적인 질문 '나는 누구인가?', '어떤 삶을 살아야 하는가?'에 대한 답을 알려준다.

새로운 관심사를 좇기 전에 이것이 자신의 핵심 가치를 반영하는 일인지 자문해야 한다. 어쩌면 그 일을 통해 창의력을 마음껏 표현할 수도 있고, 지혜를 얻고 성장할 기회를 만날 수도 있다. 핵심 가치는 사람에 따라 다르다. 그렇기에 자기 자신과 진솔한 대화를 나누는 것이 가장 중요하다. 당신이 정말로 중요하게 여기는 신념은 무엇인가? 당신이 하는 일이 당신이란 인간의 본모습을 반영하고 있는가? 이러한 성찰이 없이 인생을 흘려보내는 사람들이 너무 많다. 자신의 시간을 의미 있게 쓰기 위해선 반드시 생각해봐야 할 문제이다.

3. 관계성은 타인과의 관계에 대한 욕구이다. 사람들과 관계를 형성하고, 큰 공동체에 소속되고 싶어 한다. 인간은 사회적 동물이다. 긴밀히 통합된 조직 내에서 함께 일하고 공감하는 능력 덕분에 인간은 수천 년 동안 번영과 성장을 이어갈 수 있었다. 어린 아이들을 돌보고, 영토를 지키고, 사냥을 하고, 나 하나가 아닌 그룹이 함께 나눌 음식을 저장하는 등의 협력적 활동을 통해 생존 확률을 높일 수 있었다. 타인과 관계를 쌓고, 공동체 내 소속감을 느끼고 싶은 욕구는 말 그대로 우리의 DNA에 입력되어 있다. 그렇다고 해서 그룹으로서 함께하는 일이나 활동이 가장 좋다는 뜻은 아니다.

다만, 자신이 큰 개념의 일부라는 것을 느낄 수 있는 일을 선택하는 경향이 높다는 말이다. 관계성을 느낄 계기는 많다. 다른 사람들과 함께 일하는가? 당신이 하는 일이 다른 사람들에게 영향을 끼치는가? 당신에 앞서 다른 누군가가 한 일을 이어받아 하는가? 당신이 한 일이 다른 누군가의 일에 토대가 되는가? 당신이 하는 일이 물리적 혹은 지적으로 공동체에 기여하는가? 어떤 방식이든 타인과의 관계성은 중요한 역할을 한다.

이 세 가지 욕구를 충족할 때 어떤 일을 즐기고 지속할 확률이 눈에 띄게 높아진다. 또한 이 세 가지 욕구를 만족해야 열정이 오랫동안 힘을 발휘할 수 있다.

위의 기본적인 욕구를 충족하는 일이야말로 우리가 기꺼이 몸을 내던져 빠져들어야 하는 일이다. 이런 일을 할 때 우리는 살아있다는 느낌, 자아실현, 내가 해야 할 일을 하고 있다는 만족감 등 최고의 보람을 느낄 수 있다. 이런 감정은 뜨거운 열정이 탄생하고 있다는 명백한 신호이다. 어떤 일을 통해 이 감정을 경험하기 시작했다면 완전히 빠져들어도 좋을 만한 일이다. 그러나 순식간에 빠지는 것 또한 경계해야 한다. 열정을 기르기 위해 가장 좋은 방법은 천천히 시간을 들이는 것이기 때문이다.

열정과 삶의 밸런스

새로 생겨난 열정을 키워나가다 보면 언젠가는 자기 자신에게 중요한 질문 몇 가지를 하게 될 순간이 온다. 새로운 열정을 좇는 데 더 많은 시간과 에너지를 쓰고 싶은데 어떻게 해야 할까? 내 삶에서 열정의 비중을 더 늘릴 방법은 없을까? '올인' 하고 싶을 땐 어떡하지? 내가 준비가 되어 있다는 것을 언제 알 수 있을까? 예술가이자 작가인 엘 루나는 저서 《해야 하는 것과 반드시 해야만 하는 것 사이에서The crossroads of Should and Must》에서 열정에 빠르고 완벽하게 몰입해야 한다고 주장했다. 루나는 타인의 기대에 부응하기 위해 '해야 하는 일', 안전하고도 익숙한 길을 선택하는 사람들이 너무 많다고 지적했다. 그녀는 '반드시 해야만 하는 일', 진정으로 흥미를 느끼고 살아있음을 느끼게 해주는 일을 선택할 용기를 내는 사람들이 더욱 많아졌으면 좋겠다고 말한다. 자신의 열정을 찾았다면 기꺼이 따라야 하고, 본인을 내던지고 후회하지 않아야 한다고 강조했다. 이렇게 말하는 것은 비단 루나만이 아니다. 아무 서점이나 들어가 열정을 주제로 한 책을 펼쳐보면 알 것이다. 하나같이 피어오르기 시작하는 열정에 마음껏 빠져들라고 말한다.

　루나의 경우 자신의 열정을 따라 소프트웨어 스타트업을 떠나 예술을 시작했다. 결과적으로는 훌륭한 선택이었다. 그녀는 베스트셀러 작가가 되었고, 현재는 그림과 디자인, 글쓰기에 몰두하고 있다. 그녀의 표현대로 루나는 '반드시 해야만 하는 일을 선택'할 수 있는 입장이었다. 자신의 꿈을 결실로 맺기 위해서는 이렇게 해야 한다는 것을 모두 알고는 있다. 하지만 '반드시 해야만 하는 일을 선택'하는 것이 늘 가능한 것도, 항상 옳은 것만도 아니다. 새로운 열정에 온전히 몰입하기 위해 갑자기 직장을 그만두거나, 삶을 대대적으로 바꾸는 등 리스크를 감당할 수 있고 실제적인 능력도 갖추었으며 재정적 안정이 보장되어 있는 사람은 그리 많지 않다. 하지만 모든 것을 팽개치고 열정을 좇는 선택을 하지 않아도 괜찮다. 오히려 그러지 않을 때 유리한 점이 많다. 삶에서 열정의 비중을 높이는 데 가장 좋은 방법은 해야 하는 일을 버리고 반드시 해야만 하는 일을 선택하는 것이 아니라, 이 두 가지 일을 모두 선택하는 것이기 때문이다.

열정을 따를 때 일어나는 것들

미국 경영학회 저널에 〈회사를 그만두어야 할까? 하이브리드 창업 전략〉이라는 제목의 연구가 실렸다. 위스콘신대학교의 연구자 두 명은 스타트업 시대 속 누구나 하는 고민에 대한 답을 찾기 위해 연구를 시작했다. 사업을 시작하고 싶다면, 즉 자신의 열정으로 돈을 벌고 싶다면 현재 하는 일을 유지하는 것이 좋을까, 아니면 그만 두는 것이 좋을까?

수천 명의 기업인들과 인터뷰를 나눈 후 연구진은 직장을 유지하며 자신의 벤처를 운영하는 사람들, 경영진이 '하이브리드 창업'이라고 부르는 길을 따르는 사람들이 직장을 그만두고 새로운 일에 뛰어든 사람보다 실패할 확률이 33퍼센트나 낮다고 밝혔다. 〈하버드 비즈니스 리뷰〉에 소개된 글처럼, 스타트업에 모든 것을 거는 것이 최선이 아닐 수도 있다.

무언가에 올인할 때, 특히나 너무 조급하게 달려든다면 약자의 입장이 될 수밖에 없다. 성과를 내야 한다는 재정적 혹은 심리적 압박감으로 인해 침착하고 이성적인 사고가 불가능해지고 비합리적인 의사결정을 할 확률이 높아진다. 모든 것을 내건다면 성공하고 싶은 게 아니라 성공을 해야만 하는 상황이 된다. 오클랜드어슬레틱스 야구팀의 부사장인 빌리 빈(영화 〈머니볼〉의 실제 주인공-옮긴이)은 이 점에 대해 직설적으로 꼬집었다. "오늘 이걸 해야 하는데, 라고 말한다면 그날 하루는 망한 거죠. 아주 나쁜 선택을 하게 될 테니까요."

작가이자 투자가인 나심 탈레브는 자기 자신을 궁지로 몰아세우는 것보다는 '바벨 전략'를 취하는 것이 낫다고 말한다. (양 끝에 무거운 플레이트가 끼워져 있는) 바벨은 안정성을 의미한다. 바벨의 한쪽은 저위험, 저수익인 반면 반대쪽은 고위험, 고수익의 시나리오이다. 바벨 전략이란 '한쪽에서는 안전함을 추구하고, 다른 한쪽에서는 위험을 무릅쓰는 이중적 태도'이자, 안전하지도 않으면서도 보상도 적은 중간은 배제시키는 전략이다.

이 바벨 전략에는 두 가지 큰 이점이 있다. 첫째로 실패해도 크게 피해를 입지 않는다는 것을 알기 때문에 큰 보상이 따르는 큰 위험을 기꺼이 감수할 수 있게 된다. 열정을 좇으며 대비책을 고민하거나 자신이 정말 옳은 선택을 한 것인지 자문하며 불안해하지 않아도 된다. 둘째로 실패했다 해도 (안정적인 직장을 유지한 덕분에) 별 탈이 없기 때문에 열정을 지키기 위한 다양한 전략을 시도해볼 수 있다. 즉, 바벨 전략은 우리가 점진적으로 열정의 비중을 늘려가야 한다는 것을 말하고 있다. 그래야 부담감이 줄고, 실수할 여유도 생긴다. 실패할 기회와 실패에서 교훈을 얻을 수 있는 기회를 보장받는 것이다. 단기적으로 볼 때는 열정을 따르는 것도 아니고 열정을 포기한 것도 아닌, 어중간하게 느껴질 수 있지만 장기적으로는 성공의 확률이 더욱 높아진다. 모 아니면 도라는 식으로 접근했다가 빈손으로 돌아가는 사람이 많다. 오랜 시간을 들여 점차 열정의 비중을 늘릴 때 큰 결실을 맺을 수 있다. 자신의 삶에서 열정의 비중을 더욱 키워가고 싶다면 가장 좋은 방법은 점진적으로 조금씩 늘려나가는 것이다.

해야 하는 일과 반드시 해야만 하는 일 사이에서

브래드는 바벨 전략에 정통한 사람이다. 브래드가 열정을 갖고 있던 글쓰기와 코칭을 직업으로 삼기까지 그는 바벨 전략을 완벽하게 따랐다. 그에게 '해야 하는 일'은 기업 컨설팅이었다. 연봉도 높았고, 헬스케어 관련 업무를 많이 하며 나름의 보람을 느꼈다. 고위 임원들과 함께 일할 기회도 많았고, 좋은 사람들과 함께 일하는 행운도 누렸다. 그러나 어렸을 때부터 브래드의 '반드시 해야만 하는 일'은 글쓰기와 (노스웨스턴대학의 저명한 메딜저널리즘스쿨에 떨어졌을 때도 열정은 사그라지지 않았다) 일대일 코칭이었다. 때문에 컨설팅 업무로 바쁠 때에도 꾸준히 개인 블로그에 글을 썼고 소수의 고객을 대상으로 코치를 병행했다. 결국 그의 블로그 포스팅 몇 개가 유명세를 얻으며 조금씩 기회의 문이 열렸다. 2013년 〈로스앤젤레스 타임스〉에 사설이 실린 뒤 유명 매체에서 일이 들어오기 시작하자 브래드는 회사를 그만두고 싶다는 충동에 휩싸였다. 하지만 그는 그러지 않았다. 글쓰기 일은 어디까지나 부업으로 유지했다. 글쓰기와 코칭 일이 계속 밀려들기 시작하며 컨설팅 업무를 줄여야 했지만 일을 그만두지는 않았다. 글쓰기와 코칭에 '올인' 하지 않았던 것이다. 이미 책을 두 권이나 출간하고 기업 중역을 대상으로 코칭 일을 하고 있음에도 그는 여전히 파트타임으로 컨설팅 일을 계속 하고 있다.

바벨 전략을 따른 덕분에 브래드는 자신이 바라는 주제로 원하는 매체에 글을 쓰고 코칭 고객을 좀 더 까다롭게 선택할 수 있었다. 이 전략은 훌륭한 작가로 성장하는 데도 큰 도움이 됐다. 여유 있는 마음가짐은 좋은 글을 쓰는 데만 집중할 수 있게 해준다. 월세를 마련하기 위해 자극적인 낚시성 기사를 마구잡이로 쓸 필요가 없었다. 궁지에 몰린 상황이었다면 감히 시도해볼 수 없던 것들을 과감히 시도할 수 있었던 이유는 실패를 해도 괜찮다는 자신감 덕분이었다. 브래드는 글쓰기와 코칭만 할 수 있는 날을 꿈꾸었다. 그는 자신의 꿈을 이루기 위해선 (그리고 그 꿈을 지속하기 위해선) 점진적으로, 자신의 시간과 에너지의 균형을 조금씩 옮겨가며 열정의 비중을 높이는 것은 물론, 열정으로부터 수입을 창출할 수 있는 수준에 도달해야 한다는 것을 알고 있었다. 8년 전 그가 처음이 전략을 택했을 당시에는 삶의 99퍼센트를 컨설팅으로, 나머지 1퍼센트를 글쓰기와 코칭으로 안배했다. 현재는 일의 비중이 정반대가 되고 있다.

물론 해야 하는 일보다 반드시 해야만 하는 일을 따라 처음부터 열정에 올인하는 경우도 있다. 엄청난 중압감 속에서 크게 성장하는 사람들이라면 처음부터 열정에 달려드는 쪽이 더욱 큰 성과를 낼 수도 있다. 그러나 연구 결과에 따르면 대다수 사람들에게는 바벨 전략을 따라 안전하고 안정적인 일의 (현재 하는 일이나 직장) 무게를 조금씩 자신을 설레게 하는 일(열정이 향하는 일)로 옮겨나가는 방식이 열정의 비중을 높이기에 가장 최적화된 방법이다. 엘 루나는《해야 하는 것과 반드시 해야만 하는 것 사이에서The crossroads of Should and Must》에서 전 세계적으로 유명한 작가인 존 그리샴의 이야기를 소개했다. 그가 '변호사 겸 작가' 생활을 시작할 당시 매일 새벽 다섯 시에 일어나 '끔찍한 범죄와 사악한 인간의 이야기를 쓴 후 법정으로 출근했다.' 두 가지 일을 병행하며 형사전문 변호사인 자신의 이야기를 소설로 탄생시킨 그는 몇 차례나 출판을 거절당했고 3년이 지나서야 책을 출간할 기회를 얻었다. 루나는 '그 시간 덕분에 존 그리샴은 오늘날 모든 사람이 아는 유명 작가가 될 수 있었다'고 적었다. 그는 해야 하는 일과 반드시 해야만 하는 일 사이에서 후자를 선택하지 않고 꽤 오랜 시간 버텼다. 그는 해야 할 일과 반드시 해야만 하는 일을 동시에 해나갔다.

그리샴의 이야기는 여기서 끝이 아니다. 그는 변호를 계속 하지 않았다. 때가 되자 그는 글쓰기에 매진하기로 결정을 내린 것이다. 서른 권 이상의 베스트셀러를 출간했으니 그의 선택은 상당히 옳았다고 볼 수 있다. 아주 중요한 이야기이다. 열정의 비중을 조금씩 늘려 나갈 때 더욱 멀리까지 나아갈 힘을 얻는다. 하버드 연구 결과에 따르면 처음부터 열정에 올인해 뛰어드는 것보다 조금씩 열정의 비중을 키워나갈 때 결과적으로는 더욱 멀리, 오래 열정을 유지할 수 있다고 한다. 자신이 좋아하는 일을 취미 혹은 부업으로 하는 것은 상당한 성취감을 줄 뿐 아니라 위험성도 적다. 하지만 자신의 모든 것을 다 바쳐 열정을 따르는 삶을 살기로 결심했다면, 언젠가는 승부를 걸어야 한다.

열정의 법칙 _

- 열정을 찾는 여정은 길고 구불구불한 길을 걷는 것과 같지만 이 과정을 쉽게 헤쳐 나갈 로드맵이 있다.
  - 완벽함만 추구하다가는 좋은 결과를 낼 수 없다. 새로운 일, 활동, 취미를 시작할 때 찾아오는 흥분에 너무 큰 의미를 부여하지 않아야 한다. 처음부터 자신과 꼭 맞는 완벽한 일을 꿈꾼다면 실망하게 될 확률이 높다.
  - 유능성, 자율성, 관계성 이 세 가지 기본 욕구를 충족하는 일에 더욱 관심을 기울여야 한다. 이 세 가지 욕구가 충족되어야 단순한 흥미로 끝나지 않고 열정으로 이어질 수 있다.

언제 열정을 따라야 할까

불교에서 믿음이란 무엇을 행함에 그 결실이 따를 것임을 아는 데서 오는 확신이라고 한다. 불교 지도자인 틱낫한 스님은 이렇게 적었다. "농부가 곡식을 재배하는 자기 나름의 방법에 대해 확신을 갖고 있는 것과 같다. 맹목적인 믿음이 아니다. 그것은 사상이나 교리를 믿는 것과는 다르다."

열정에 온전히 빠지기 위해 직장을 그만 두고, 전국을 누비고, 다시 학교에 들어가 공부를 시작할 때 필요한 믿음이 바로 이것이다. 예감이나 직감에서 생겨난 믿음이 아니다. 자기 자신에게 확실한 근거가 있을 때 생기는 믿음이다. 이 믿음을 얻기 위해서는 자신이 노력을 했고, 필요한 역량을 갖추었으며, 오랜 시간 동안 점진적으로 열정을 키워왔고 이제는 다음 단계로 나아갈 준비를 마쳤다는 근거가 있어야 한다. 열정을 좇을 때 성공한다는 보장은 없지만, 그 근거가 되는 아래의 내용에 긍정적으로 답할 수 있다면 성공의 가능성은 높아진다.

- 잘 해내기 위해 필요한 만큼의 노력을 다했다.
- 내 역량을 여러 번 테스트했고, 열정에 뛰어든 후 (경제적으로, 육체적으로, 정서적으로) 무리가 없을 정도로 준비가 되었다.
- 내 능력을 꾸준히 계발하고 싶다는 욕망과 직업의식이 있다.
- 열정에 더욱 깊이 몰입하기 위해서는 얼마간의 희생이 필요하다는 것을 알고 있고, 희생할 준비가 되어 있다.
- 멘토, 가족과 친구들의 도움, 목표로 삼을 기준과 이정표 등을 포함한 실천 계획을 세웠다. 필요한 경우 계획을 유연하게 수정할 준비도 되어 있다.
- 내 열정에 올인할 생각을 하니 조금 초조하긴 하지만 불안하지는 않다. 오히려 기대가 될 뿐이다.
- 내가 하고 싶은 일이고, 앞으로 닥칠 일에 대한 준비가 되어 있다.

위의 항목에 모두 동의하고, 열정에 올인할 준비가 되었다는 생각이 든다면 (이미 열정을 따르고 있는 경우 앞으로도 지속할 준비가 되어 있다면), 자신의 선택에 따른 믿음이 있다고 봐도 좋다. 위의 어떤 항목에도 그렇다고 답할 수 없다 해도 괜찮다. 확신이 생길 때까지, 믿음을 가질 근거를 더욱 마련할 때까지 시간을 두고 열정에 대한 비중을 조금씩 늘려나가면 된다. 열정에 올인해도 좋다는 확신을 100퍼센트 갖기는 어렵지만 충분한 믿음이 있다면, 도전하는 것이 그렇게 두렵지는 않을 것이다. 어쩌면 도전이라는 생각도 들지 않을 것이다. 열정을 따르는 삶을 살겠다는 최종 목표에 가까워지기 위해 이미 준비한 대로 한 걸음 나아가는 것뿐이니 말이다.

열정이 모든 것을 해결해주지 않는다

대부분의 사람들은 자신의 열정을 찾아 추구하는 삶을 산다면 모든 문제가 해결될 거라고 생각한다. 자신의 열정을 깨닫고 기른 후, 완벽히 뛰어들어도 괜찮을 때까지 조금씩 열정의 비중을 키워오다가, 결국 열정에 올인(혹은 그 비슷한 수준까지 몰입)한다. 열정으로 가득 찬 자신의 삶을 사랑하게 되고, 열정이 향한 분야에서 몇

몇 성공을 거두며 조금씩 긍정적인 피드백을 받는다. 모든 것이 완벽하다. 하지만 당신도 미처 깨닫기 전에 위험한 경계선에 다다르게 되는데, 이 선을 넘은 후에는 아주 곤란한 상황에 빠진다. 이 책의 서두에서 했던 말을 기억하는지 모르겠지만, 열정은 선물이 될 수도 있고 저주가 될 수도 있다. 조심스럽고 신중하게 다루지 않는다면 파시오, 즉 고통이 당신도 모르는 새 모습을 드러낸다. 고통에 맞서 싸워볼 수도 있겠지만, 결과적으로 다른 곳에 더욱 가치 있게 쓰일 수 있었던 소중한 에너지를 낭비하는 것은 피할 수 없다. 최악은 열정을 비롯하여 삶까지도 크게 변질되고마는 것이다.

열정을 찾는 방법은 시작에 불과하다. 정말 어려운 부분은 생산적이고도 지속가능한 방향으로 열정과 함께 살아가는 법을 배우는 것이다. 가장 훌륭한 형태의 열정을 기르고, 열정과 조화롭게 살아가고, 훗날 열정에서 벗어나기로 결심하거나 그래야만 하는 상황이 왔을 때 이 과도기를 유연하게 대처하는 법을 (5장부터 8장까지) 배우기 전에 열정의 어두운 이면을 이해해야 한다. 그래야 그것이 삶을 좀 먹는 상황을 피할 수 있다. 안타깝게도 열정이 주는 긍정적인 보상을 누리기 전에 열정의 어두운 이면을 먼저 경험하는 경우가 훨씬 많지만 열정의 어두운 그림자를 피할 수 있다. 그저 무엇을 조심해야 하는지만 깨달으면 된다.

- 새로 피어나는 열정의 비중을 높이고 싶다면 시간을 들여 점진적으로 하는 것이 가장 좋은 방법이다.

- 안전성을 확보하는 동시에 점차 자신이 열정을 갖고 있는 일을 늘려가는 바벨 전략을 따를 때 열정이 중심이 되는 삶을 얻을 확률이 높다.

  - 열정을 좇다 실패를 해도 괜찮은 상황이어야 위험이 크지만 보상도 큰 모험을 감행할 수 있다.

  - 처음 실패를 겪는다 해도 큰 데미지를 입지 않기 때문에 열정을 키워나갈 다양한 전략을 계속 시도해볼 수 있다.

- 열정에 쏟는 시간과 에너지를 조금씩 늘려가는 동시에 '안전망'이 되어주는 일의 비중을 줄여간다.

- 결국 열정에 올인하고 열정에 삶을 헌신할 것인지 결정을 내려야 하는 순간을 마주할 것이다. 이때 필요한 것은 믿음을 갖고 도전하는 자세이다.

- '믿음'은 예감이나 직감과는 다르다. 실천에 결실이 따른다는 것을 확신할 때 생기는 믿음이다. 성공할 수 있다는 근거가 충분하다면 열정을 향해 뛰어드는 것이 결코 도전처럼 느껴지지 않을 것이다.

4장

열정의 두 얼굴

MASTERY MINDSET

맹목적인 열정의 그림자

역사상 가장 투지가 넘치는 기업인 중 한 명은 이런 말을 했다. "나는 다른 그 무엇보다도 열정을 중요시 여긴다." 600억 달러 기업의 CEO인 그가 가장 중요하게 생각하는 인재상은 열정적인 사람이다. 그는 어떤 희생을 치르더라도 완벽한 성과를 내는 것이 중요하다고 강조했고, 맹목적인 열정을 갖고 일하는 직원들에게는 보상으로 답했다. 직원들은 생물학적 가족보다 동료를 우선시하며 일찍 출근해 늦게까지 근무했다. 직원 모두가, 특히나 중역들은 믿을 수 없을 정도로 성과에 대한 열정이 대단했다. 그리고 그에 부응하는 성과가 나왔다. 그가 CEO로 회사를 이끌 동안 기업은 〈포춘〉

선정 '미국에서 가장 혁신적인 대기업'으로 이름을 올렸고, 주가는 시장수익률을 크게 상회했다.

위 이야기 속 CEO는 제프리 스킬링이다. 그가 이끈 기업이 바로 엔론이다.

스킬링의 리더십 아래 벌어진 거대 에너지 기업의 사기 행각은 이미 잘 알려진 이야기이다. 주주들은 수십억 달러의 손해를 봤다. 수천 명의 직원들이 직장을 잃었을 뿐 아니라 평생 모아온 연금으로 투자한 주식은 휴지조각이 되어버렸다. 엔론의 재무적 성과를 높이겠다는 스킬링의 열정은 기업회계부정사건으로 파산한 역대 최악의 경제 스캔들로 남았다.

그로부터 고작 몇 년 후, 스티브 잡스를 꿈꿨던 스탠포드대학의 중퇴생이자 과거 스킬링의 엔론에서 근무했던 부친을 둔 열아홉 살의 한 여성이 세상을 바꾸겠다는 목표로 바이오테크 기업, 테라노스를 설립했다. 기업은 수억의 투자를 유치하고 헬스와 웰니스 산업의 리더들과 파트너십을 맺으며 초고속으로 성장해나갔다. 2015년 〈베니티 페어〉의 '뉴 이스테블리시먼트 서밋New Establishment Summit'에서 창업을 꿈꾸는 사람들에게 어떤 말을 전하고 싶으냐는 마리아 슈라이버의 질문에 서른한 살의 젊은 CEO 엘리자베스 홈즈는 열정과 강박에 대한 중요성을 여러 번 강조했다. 그녀는 슈라이버에게 이렇게 말했다. "제게 학교란 좋아하는 일을 좇는데 필요한 기술을 배우는 장소였습니다. 저는 이미 제가 하고 싶은 일에 집요하게 빠져들기 위해 갖춰야 하는 도구와 기술을 모두 갖고 있다고 생각했고요."

〈베니티 페어〉 서밋은 그저 일부에 불과했다. 엄청난 성공을 거머쥔 CEO는 열정 넘치는 청춘의 표본으로 자리매김하며 전례 없는 미디어의 주목을 받았고, 〈포브스〉〈아이엔씨닷컴〉〈포춘〉〈블룸버그〉 등 수많은 잡지의 표지를 장식했다. 2015년 말 〈워싱턴포스트〉에는 그녀의 지치지 않는 열정에 대한 기사가 실리기도 했다. "파괴적인 스타트업을 론칭하고 싶다면 무언가에 강박적으로 빠져 있는 태도가 실로 중요하다는 것이 그녀의 성공을 통해 여실히 입증되었다."

〈워싱턴포스트〉에서 두 가지는 정확히 짚었다. 엘리자베스 홈즈가 강박에 빠져 있었다는 것과 그녀의 바이오테크 기업인 테라노스가 실로 대단히 파괴적이라는 점이었다(〈워싱턴포스트〉는 물론 긍정적인 의미로 썼겠지만). 그녀가 〈베니티 페어〉 서밋에서 열정의 중요성을 설파하는 인터뷰를 한 지 1년도 채 되지 않아, 새로운 주제로 〈베니티 페어〉 잡지에 다시금 등장했다. '엘리자베스 홈즈가 모래 위에 지은 집은 어떻게 무너져 내렸는가'란 제목의 테라노스 몰락에 대한 기사였다. 저렴한 비용에 통증도 적은 혈액검사로 '세상을 바꿀 수 있다'고 주장했던 기업은 성능 기준 부적합 판정을 받고 효과를 입증하는 근거를 충분히 제시하지 못했다는 이유로 연방 정부의 제재를 받았고, 증권 사기로 여러 투자자들에게 소송을 당했다. 이 책이 출간되기 직전 테라노스와 홈즈는 미 증권거래위원회로부터 '대규모 사기 행각'으로 기소되었고, 홈즈는 연방정부에 사기 혐의로 기소되었다. 최고 전성기 시절 테라노스의 가치는 90억 달러였다. 몇 년 지나지 않아 기업은 완벽히 해체되었다.

나를 소진시키는 강박열정

스킬링이 처음부터 미국 금융시장을 뒤흔들거나 대중을 기만하려고 했던 것은 아니었고, 홈즈 역시 과학을 이롭게 활용하고자 하는 목적이었다. 두 사람 모두 똑똑하고, 의욕 넘치며 겉보기에는 흠잡을 곳 없는 사람들이었다. 스킬링은 하버드경영대학원을 졸업한 후 유명한 맥킨지앤컴퍼니에서 가장 젊은 컨설턴트 중 하나로 커리어를 시작했다. 홈즈는 스탠포드대학에 다니던 중 혁신과 새로운 발견에 푹 빠져들어 셀 수 없이 많은 특허를 보유했다. 어린 나이에 눈부신 업적을 이룬 데에는 두 사람의 대단한 열정 덕분이었다는 것만은 분명하다. 하지만 이들을 잘못된 길로 인도한 것도 역시 열정이었다. 두 사람은 열정이 변질되었을 때 어떤 상황이 벌어지는지를 보여주는 대표적인 사례이지만, 비단 이런 문제를 겪은 사람은 두 사람만이 아니다.

앞의 사건보다 규모는 작지만 이와 유사한 일은 항상 벌어지고 있다. 목표를 달성하는 데만 집착하고, 목표가 곧 자신이 되어 처음의 목표나 내면의 이유를 잃어버리는 사람들이 많다. 목표를 이룬 후에 찾아올 외부적 보상과 인정을 동기 삼아 무슨 수를 써서라도 반드시 자신의 목표를 성취하려고 혈안이 된다. 이런 병적인 집착은 다양한 방식으로 표출되는데 표절(이 책을 반드시 출간해야만 해), 금지 약물 복용(반드시 올림픽 대표팀에 선발되어야 해), 혹은 스킬링처럼 일터에서의 사기 행각(세일즈 목표를 달성해야만 해 혹은 반드시 승진을 해야 해) 등이 있다.

위와 같은 행동은 퀘벡대학의 심리학 교수 로베르 발레랑이 강박열정Obsessive passion이라는 일컫는 개념의 표본이다. 어떤 형태이든 열정은 결국 강박으로 치달을 때가 많지만 발레랑이 규정한 강박열정이란 내재적 만족보다 성취, 결과, 외부적 보상이 동기가 될 때를 의미한다. 즉, 특정 활동을 하는 것에서 느끼는 즐거움보다 그 활동으로 얻게 될 보상에 더욱 열정을 보인다.

목표를 향해 즐겁고도 정직하게 달려가는 과정에서 어느새 등장한 강박열정이 깊은 어둠을 드리운다. 가장 두드러진 원인 중 하나는 지나친 열정으로 자신의 가치를 개인이 통제할 수 없는 무언가에 동일시하는 것이다. 상당한 수준의 괴로움이 탄생하는 순간이다.

- 한 운동선수는 일정 시간 안에 철인 3종 경기를 완주하겠다는 열정, 아니 강박이 있다. 6개월 동안 매주 스무 시간씩 훈련을 하느라 가족과 친구를 등한시한다. 시합 당일이 되자 예상치 못한 기상 이변이 닥쳤다. 이것으로도 부족했는지 사이클 구간에서 자전거의 바퀴가 터지는 불운이 겹쳤다. 결국 자신이 생각했던 것보다 훨씬 못한 기록이 나왔다.
- 로펌의 어소시에이트 변호사는 파트너 자리에 오르기를 간절히 바라고 있다. 그녀는 이 꿈을 이루기 위해 밤낮없이 일하고, 언젠가 고급 사무실에서 일하는 날만 그리고 있다. 그녀를 승진시켜주기로 한 상사가 갑자기 병에 걸려 퇴직을 하게 되었다. 그녀는 승진할 기회를 잃었다.
- 젊은 작가는 자신의 책이 언젠가 세상에 빛을 보기를 바라고 있다. 〈뉴욕타임스〉 베스트셀러 목록에 자신의 이름이 오르는 상상을 한다. 그는 명작을 탄생시키기 위해 글을 쓰고 또 썼다. 대형 출판사에

서는 하나같이 그의 원고를 거절했다.

외부적인 것에 집착하지 말 것

위 사례에 등장한 사람들 모두 실패했다고 봐야 할까? 이들이 목표했던 결과를 얻었는가로 따진다면 안타깝게도 그렇다고 볼 수 있다. 우리가 어찌할 수 없는 외부적 성과를 달성하는 데 열정을 보인다면, 불안하고도 유약한 자기 가치가 형성된다.

아주 새로운 이야기는 아니다. 약 2천 년 전에 스토아학파의 철학자인 에픽테토스는 외부적인 것에 집착하는 것을 경계하라는 말을 남겼다.

외부적 환경이 우리의 주인이 될 때가 너무도 많다. 이 중 하나라도 통제하는 사람은 우리를 통제할 수 있는 것과 마찬가지이다. 무엇을 좋아하고, 싫어하고, 두려워할 때, 이 무엇을 뜻대로 하는 사람(혹은 환경)이 우리의 주인이 되는 것이다. 자신의 권한 밖에 있는 것은 그 어떤 것도 바라지 않아야 한다. 욕심은커녕 그 근처로는 손도 뻗어서는 안 된다. 자신에게 권한이 없는 무언가를 귀하게 여기고, 가변적이고 불안정하며 예측할 수 없고 신뢰할 수 없는 무언가를 향해 애착을 가질 때 스스로 노예가 되고 속박되길 자처하는 것이다.

자신의 가치를 외부적 요인과 동일시하면 절박함을 느낄 수밖에 없다. 성공이란 보통 어느 정도의 실패를 포함하고 있다. 실패를 열린 마음으로 정직하고 겸손하게 받아들이지 못한다면 거짓, 불안, 우울의 늪에 빠진다. 대부분의 경우 실패는 물론이고 단순히 정체기를 겪는 것만으로도 자신의 자아가 공격당하는 것처럼 받아들이기 때문이다. 뒤로 후퇴하거나 잘못된 방향으로 접어들 때마다 우리의 자아는 말 그대로 우리 '자신'이 타격을 입는다. 누군가 우리가 다니는 회사, 우리가 하는 일에 대해 나쁘게 평가할 때 이들이 특정 대상이나 결과를 공격하는 것이 아니라 우리를 공격하는 것처럼 여긴다. 스킬링이 보기 좋은 허울을 지키는 데 극도로 집착했던 것도, 홈즈가 그런 사기극을 펼친 것도 다 여기서 비롯된 것이다. 두 사람은 자신이 만든 기업을 지키려고 했던 것이 아니라 자기 자신을 보호하려 했다.

스킬링과 홈즈가 나락으로 치닫기 몇 년 전, 심리학자이자 인문주의 철학자였던 에리히 프롬은 이렇게 적었다. "인간의 자유는 자아에 얽매이는 정도에 따라 제한된다. 자아의 속박이 스스로를 가로막는다… 내가 소유한 것이 곧 나라면, 내가 가진 것을 잃었을 때 그때의 나는 누구인가?" 자신의 정체성을 어떤 식으로든 외부적 결과와 동일시한다면 아주 위험한 게임을 하게 되는 것이다.

정당한 성공을 경험할 때마저도 (스킬링과 홈즈 역시 처음에는 그랬다) 이 성공이 강박열정, 즉 외부적 성과와 보상을 향한 갈망의 결과라면 분명 미래에 문제가 생길 수밖에 없다. 성공의 외부적 지표에만 매달리는 사람은 보통 자신이 하는 일을 즐기지 못하는 경우가 많다. 항상 무언가를 더 바라기 때문이다. 더 많은 돈, 더 높은 명성, 더 많은 메달, 더 많은 팔로워 등등을 계속해서 갈구한다. 이책의 초반부에 이야기했던 것처럼 무언가에 열정을 가질 때 생물학적 작용으로 인해 우리는 만족을 느낄 수 없는 상태가 되고, 심리적으로는 무언가를 좇는 행위에 더욱 집착하게 된다. 악순환에 빠지는 것이다. 결국 부정적인 결과를 부르기 때문에 '악'이라고 칭할 수밖에 없다. 악순환에 빠진다는 것이 어떤 기분인지 굳이 설명하지 않아도 알 것이다.

쾌락적응의 굴레에 빠지지 마라

현대 행동 과학에서는 끝없이 만족감을 좇고, 우리의 통제 밖에 있는 대상에서 자기 가치를 찾으려고 하는 사이클을 뜻하는 용어가 있다. 바로 쾌락적응hedonic adaptation이다. 행복과 만족의 상태에 금세 적응하고 이내 더 많은 것을 원하는 심리를 뜻한다. 쾌락적응이란 개념이 탄생하기 수천 년 전, 석가모니는 외부적 성공을 끊임없이 좇는 굴레에 빠지는 것을 가리켜 '번뇌'라고 칭했다.

시인인 데이비드 화이트는 '성공을 하고 나면 미래에도 이 성공을 지키기 위해 굉장한 불안이 생길 수 있다'고 했다. 그의 말이 옳다. 연구진은 어떤 분야이든 강박열정을 지닌 사람들의 경우 비윤리적인 행동을 저지르는 경우가 많고, 불안, 우울, 번아웃에 시달릴 위험이 크다는 것을 밝혔다. 열정과의 관계가 악화되고 전반적인 삶의 만족도는 낮아진다. 한편 스킬링과 홈즈처럼 몇몇은 꽤 오래 이 사이클을 유지하기도 한다. 강박열정의 제물이 되는 것이 비단 기업의 경영진에게만 해당되는 이야기는 아니다.

2007년 8월 7일, 샌프란시스코자이언츠 야구팀의 타자 배리 본즈는 워싱턴내셔널스의 투수 마이크 백식을 상대로 타석에 올랐다. 본즈가 새로운 역사를 쓰게 될 순간이었다. 그가 방망이를 힘차게 휘두르자 우중간 담장 깊은 곳으로 공이 날아갔다. 공이 배트에 맞는 순간 본즈는 이미 홈런임을 직감했다. 그는 환희에 차 두 손을 높게 든 후 활짝 웃었다. 국민적 사랑을 받는 행크 애런의 기록을 뛰어 넘어 756번째 홈런이 터진 순간이었다. 뜨거운 축하 행렬이 쏟아졌지만 그보단 의혹의 눈초리가 더욱 컸다.

4년 전 배리 본즈는 역사상 최대 약물 스캔들 중 하나인 발코 사태의 핵심 인물로 떠올랐다. 샌프란시스코 근처의 발코 연구소를 급습한 FBI는 여러 운동선수들이 상당히 체계적인 시스템 아래 경기력을 향상시키는 약물을 복용한 정황을 발견했다. 세계에서 가장 빠른 사나이(100미터 세계 신기록 보유자인 팀 몽고메리)와 떠오르는 홈런 왕(본즈)의 명성에 금이 가는 사건이었다. 2007년 애런의 통산 홈런 기록을 깼던 당시에도 4년 전 그가 약물을 복용했다는 명확한 정황이 있는 상태였다. (유죄를 받은 선수가 야구에서 가장 대단한 기록을 세울 수 있었던 것은 본즈를 출전 정지조차 시키지 않았던 미국 메이저리그 협회 덕분이었다.)

본즈 이후 야구계에는 구세주가 필요했다. 야구의 명성을 되살리고 본즈가 애런에게서 앗아간 것을 정당한 실력으로 되찾아줄 사람이 절실했다. 열여덟 살의 나이로 메이저리그에 등장해 스무 살에 스타로 자리매김한 유격수가 바로 그 인물이 되어줄 것 같았다. 서른한 살의 나이로 518개의 홈런을 기록한 그는 본즈의 빛바랜 기록을 깨기 위해 착실히 나아가고 있었다. 야구계의 모두가 그를 사랑했다. 중계진, 해설자, 팬은 물론 다른 야구 선수들까지 이렇게 말하며 위안을 얻었다. "본즈의 기록은 곧 깨질 거야. 에이 로드가 금방 달성할 거야." 에이 로드는 알렉스 로드리게스의 별명이었다. 홈런 기록을 쌓아나가던 2009년, 로드리게스 역시 스테로이드 복용을 자백할 수밖에 없었던 결정적인 증거가 나왔다.

메이저리그의 약물 문제는 어제 오늘 일이 아니다. 워털루대학의 연구진은 지나칠 정도의 열정을 지닌 운동선수는 도핑이나 스테로이드 등 경기력을 향상시키는 약물을 불법적으로 사용할 가능성이 높다고 밝혔다. 또 다른 연구에서는 올림픽 참가 선수들에게 금메달을 보장하지만 5년 안에 사망할 위험이 있는 약물이 있다면 섭취하겠는지 묻는 질문에 절반가량이 그렇다고 답했다.

자신과 열정을 분리할 것

자신의 분야에서 최고의 자리를 지키며 이미 수백만 달러를 벌고 있는 운동선수들이 왜 언뜻 보기에는 별 차이가 없을 정도로 아주 미묘한 실력 향상에 건강과 명성, 재산을 걸 결심을 하는 걸까? 그렇게 해서 얻게 될 혜택과 이들이 감수하는 무지막지한 위험을 비교하자면 선뜻 이해가 가지 않는다. 그럼에도 홈즈, 스킬링, 그 외 수많은 사람들처럼 비이성적인 선택을 하는 운동선수들이 해마다 나타난다. 외부적 성과에 강박적으로 매달리고 집착하다 보니 다른 것은 아무것도 안중에 없는 것이다. 이들이 열정을 잃었다는 말은 아니다. 열정의 대상이 야구, 에너지, 기업 운영, 과학적 발견에서 성과, 돈, 명성, 승리로 옮겨간 것이다. 은퇴를 앞둔 알렉스 로드리게스는 훌륭한 커리어를 쌓는 데 필요한 조언 세 가지를 들려달라는 질문을 받았다. "최고가 되고 싶은가요? 당신의 열정을 찾으세요."

지금쯤이면 어떤 활동 그 자체가 아니라, 그것을 통해 얻어질 외부적 인정과 성공에 열정을 보일 때 어둡고 악한 열정이 슬며시 본성을 드러낸다는 것을 분명하게 이해했을 것이다. 결과에 집착할 때 우리 '자신'과 열정의 결과물을 분리해서 생각하기가 어렵다. 한편 열정이 고통으로 변질되는 경우는 비단 이뿐만이 아니다. 두려움이 열정을 집어삼킬 때, 자세히는 실패에 대한 두려움이 열정에 드리워질 때도 열정은 고통으로 변한다.

열정의 법칙 _

- 열정이 강박으로 변하는 것을 경계해야 한다. 무언가를 하는 것보다 외부적 결과를 얻고 인정받는 것에 열정이 생길 때 강박열정이 탄생한다.
- 강박적으로 열정을 발휘할 때 개인의 자아감은 외부적 결과에 깊은 영향을 받는다.
- 아무리 성공해도 부족하다 여긴다. 외부적 인정을 갈구할 때 더 많은 돈, 더 높은 명성, 더 많은 팔로워 등 계속해서 원하게 된다. 행동 과학자들은 이렇듯 끝없는 갈망의 늪을 쾌락적응이라고 부른다. 아주 오래전 석가모니가 번뇌라고 부른 개념이다.
- 강박열정에 사로잡힌 사람은 실패를 경험하거나 문제가 발생할 때는 물론이고 잠깐의 정체기에도 굉장한 충격을 입는다. 그 결과 강박열정은 불안, 우울, 번아웃, 비윤리적인 행동을 불러온다.

두려움에서 탄생한
열정의 결과

우리에게 두려움이 어떤 의미인지 이해하기 위해서는 다시금 인류의 오래된 과거로 거슬러 올라가야 한다. 아프리카의 사바나에서 인류가 호모 에렉투스에서 호모 사피엔스로 진화될 즈음, 두려움 특히나 실패에 대한 두려움은 생존에 중대한 요인이었다. 사냥은 영양분 공급을 위한 고기를 얻는 기회일 뿐 아니라 포식자와 사나운 맹수의 공격에 노출될 계기이기도 했다. 당시에는 실패란 곧 죽음이었다. 그 결과, 목표를 추격하는 것과 마찬가지로 실패를 피해야 한다는 것 역시 우리 안에 선천적으로 프로그램화 되었다.

하이킹 중 곰을 만나거나 인적이 드문 밤에 낯선 사람을 갑자기 마주친 적이 있는 사람이라면 두려움의 힘이 얼마나 막강한지 잘 알 것이다. 심장이 고동치고, 솟구친 아드레날린이 온몸으로 퍼져 나간다. 감각이 극도로 예민해진다. 재앙을 피해야 한다는 단 한 가지 생각만이 머릿속을 가득 메운다. 뼛속까지 느껴지는 두려움이 야말로 우리 안에 내제된 가장 원시적이고도 강력한 열정일 것이다. 생존을 향한 열정 말이다. 인류가 지금까지 살아남은 것도, 공격적인 리더십을 선보인 바비 나이트 감독의 농구팀이 여러 차례 챔피언십 우승을 거머쥔 것도, 독재자형 리더가 직원들을 대상으로 (비록 얼마 못 갈지라도) 굉장한 성과를 이끌어내는 것도 이와 같은 이유 때문이다. 그러나 두려움에서 비롯된 열정은 결국 상당한 대가를 치르기 마련이다. 또한 지속되기도 어렵다.

열네 살 소녀가 금메달과 바꾼 것

1996년 조지아 주 애틀랜타에서 열린 하계 올림픽 당시 언론을 떠들썩하게 장식했던 도미니크 모체아누를 기억할 것이다. 작은 체구의 열네 살 어린 소녀는 역사상 최초로 올림픽 금메달을 거머쥔 미국 여성 체조팀 '환상의 7인' 중 한 명이었다. 모체아누는 잡지 표지를 장식하고, 아침 토크쇼와 신문 헤드라인의 주인공이 되었다. 귀엽고 발랄한 외모에 주변을 환하게 밝히는 아름다운 미소가 돋보였던 그녀는 국민 여동생의 자리를 꿰찼다.

체조는 보통 이른 나이에 주목을 받는 것이 일반적이긴 했지만 그런 것을 감안해도 열네 살은 너무 이른 시기였다. 1996년 올림픽은 모체아누의 빛나는 선수 생활의 시작에 불과했고, 그녀의 손에 미국 체조계의 미래가 달려 있었다. 그러나 4년 후 자신의 전성기를 맞아 매트 위에서 잊지 못할 유산을 남겨야 했을 모체아누는 우울과 낙담, 번아웃에 시달리며 자신의 집 소파에 앉아 TV로 시드니 올림픽을 시청하게 되었다.

모체아누가 체조에 굉장한 열정을 지녔다는 것만큼은 부정할 수 없는 사실이다. 일곱 살 때부터 일주일에 최소 스물다섯 시간씩 연습에 매진했다. 이단평행봉, 평균대, 도마, 마루가 그녀 인생의 전부였다. 하지만 그녀의 동기가 100퍼센트 내면에서 나온 것은 아니었다. 그녀의 동기는 뛰어난 성적을 보이지 않을 때 권위적인 부모님과 코치가 어떻게 나올지 두려운 마음에서 비롯된 것이었다. 그녀의 솔직한 이야기를 담은 자서전 《균형을 잃고Off Balance》에서 모체아누는 이렇게 적었다.

1996년 올림픽을 준비했던 시기가 내 체조 인생에서 가장 힘들고 부담이 컸던 때였다. 올림픽이 열리기 직전 여름, 코치인 벨라 카롤리, 마르타 카롤리와 훈련을 한 이후부터 내가 그토록 사랑했던 체조는 악몽으로 변했다. 내 한계까지 몰아붙였지만 어떻게 해도 두 사람을 만족시키지 못할 것 같았다 … 벨라와 마르타의 무시와 경멸이 심해질수록 두 사람에게서 인정받기 위해 더욱 노력했다. 아버지 타타를 두려워했던 것처럼 코치 벨라를 두려워하면서도 이들을 기쁘게 하기 위해 안간힘을 썼다.

1996년 금메달을 획득한 이후 환상의 7인 중 다른 여섯 명은 자축했지만 모체아누는 결과에 만족하지 못했다. 그녀는 이렇게 밝혔다. "내가 아무리 행복하려고 애써도 내 행복은 온전히 내 코치진과 부모님이 내 경기에 만족했는지, 이들이 기쁜지에 달려 있었다. 이 사람들에게서 완벽하다는 인정을 받지 못했을 때는 조금도 행복할 수 없었다."

모체아누는 체조에 대한 사랑과 기쁨으로 경기에 임했던 것이 아닌 것만은 분명했다. 적어도 체조에 대한 애정이 가장 큰 동력이 아니었던 것만큼은 확실했다. 그녀가 경기에서 좋은 성적을 거두고 싶었던 이유는 코치와 부모님의 분노로부터 스스로를 지키기 위해서였다. 그녀의 미소와 열정적인 몸짓은 무엇이었을까? 승리를 거머쥐기 위한 연기이자 두려움에서 비롯된 거짓 행동이었을 확률이 다분하다. 지나친 훈련과 부상에 시달린 것만 봐도 알 수 있듯이 모체아누를 짓누른 압박감은 그녀에게 독이 되었다. 1999년 열일곱 살이었던 모체아누가 법원에 부모에게서 독립을 허락해달라는 탄원을 제기하며 그녀의 상황이 세상에 드러났다. 법원은 모체아누의 손을 들어주었다. 모체아누가 지닌 열정의 무게는, 정확하게는 그녀가 느낀 두려움의 무게는 전도유망한 커리어와 어린 시절을 모두 삼켜버렸다.

　모체아누의 사례는 열정과 세계 최고 수준의 성과가 두려움에서 탄생할 수 있다는 것을 보여준다. 최근 열정에 관한 연구에 따르면 실패를 두려워하는 사람은 실패를 떠올리는 것만으로도 성과가 향상되는 결과를 낳는다고 한다. 실패에 대한 두려움이 어떤 영향을 미치는지 알아보는 연구가 있었다. 실험 참가자들에게 가능한 세게 악력기를 쥐도록 했다. 이중 절반에게는 최근 했던 실패에 대해 떠올린 뒤 글로 적어볼 것을 요청했고, 나머지 절반에게는 최근 자신이 거둔 성공에 대해 적으라고 했다. 각각의 경험을 종이에 적고 난 뒤, 참가자 전원은 악력기를 다시 세게 쥐었다. 실패를 두려워하지 않는다고 답한 참가자들은 앞서 종이에 적은 것이 성공이냐 실패냐에 관계없이 기록에 아무런 변화가 없었다. 하지만 실패를 두려워하는 참가자들은 실패한 경험에 대해 떠올린 뒤 악력이 크게 증가한 것으로 드러났다. 악력이 아니라 십자말풀이같이 지능을 발휘해야 하는 문제에서도 실험 결과는 유사하게 나타났다. "참가자들이 위협을 느낄 때 만회해야겠다는 의지가 높아집니다." 뉴욕대의 심리학자이자 해당 논문의 제1저자인 조슬린 벨란저는 이렇게 설명했다. 그러나 모체아누의 이야기는 두려움으로 유발된 열정에 대해 또 다른 사실을 보여준다. 바로 이러한 열정이 해롭고 지속하기 어려운 특성을 지닌다는 점이다. 벨란저는 이렇게 말했다. "새로운 일을 시작하거나, 이름을 널리 알릴 만한 성과를 내야 할 때는 실패에 대한 두려움이 도움이 되기도 합니다. 그러나 번아웃을 일으키고, 스트레스를 높이고 수명은 단축시킬 위험도 있죠." 실패에 대한 두려움을 장기적 동기요인으로 활용하기에는 너무 위험하다.

두려움을 일으키는 다섯 가지 동기

펜실베이니아주립대학교의 보건및인간과학대학 교수인 데이비드 콘로이는 모체아누처럼 두려움을 동기로 삼은 운동선수를 대상으로 연구를 진행했다. 그는 두려움의 다섯 가지 동기요인을 발견했다.

1. 수치심과 당혹감에 대한 두려움
2. 긍정적인 자아상을 잃게 된다는 두려움
3. 불안한 미래에 대한 두려움
4. 중요한 사람들에게서 관심을 받지 못할 거라는 두려움
5. 중요한 사람들을 화나게 할지도 모른다는 두려움

콘로이 교수는 위의 다섯 가지 두려움이 단기간 동안에는 아주 강력한 동기요인으로 작용할 수 있지만 이 중 어느 것도 장기간 지속될 수 없다는 점을 발견했다.

두려움에 잠식될 때 우리는 주변에서 발생하는 모든 일을 위협으로 간주한다. 우리의 몸과 마음은 어떻게든 생존하는 데만 집중한다. 생존을 위한 신체적, 정신적 반응은 장기적으로 이어질 때 불

안으로 전환된다. 올림픽 메달, 만점의 성적, 상사의 인정이나 승진 등 목표를 달성할 수는 있지만 그때쯤이면 우리는 말 그대로 온몸의 기력을 소진하고 완전히 번아웃된 상태에 이른다. 우리의 몸과 마음은 비상상황을 오랫동안 견디지 못한다. 아무리 모험심이 강한 하이커라도 나뭇잎이 바스락거리는 소리가 들릴 때마다 자신을 향해 돌진해오는 곰을 예상하고 매번 대비를 할 수는 없다.

두려움을 없애야 한다는 말이 현실에 안주한다는 의미는 아니다. 오히려 우리의 한계를 초월하고, 모험을 감수하고, 진정한 자신의 모습을 드러내는 쪽에 가깝다. 무언가를 할 때 '지지 않기 위해서'가 아니라 승리하기 위해서 하는 쪽으로 태도가 변하게 된다. 심리학에서는 이를 예방형과 성취형으로 구분한다. 예방형의 경우 갖고 있는 것을 지키고 안전을 추구하기 위해 손해를 보지 않을 일에만 매달린다. 이런 성향이 유용할 때도 있지만 자아실현을 가로막기도 한다. 반면, 성취형은 안전한 길 혹은 타인이 바라는 길, 타인이 바랄 것 같은 길을 가지 않는다. 실패가 두렵지 않기 때문에 건설적인 위험을 기꺼이 택한다. 그리고 이 과정에서 돌파구를 찾아낸다.

두려움을 떨치기 위해서는 '본인에게 합당한 지식과 능력, 자원이 있다는 확신을 가져야 함은 물론, 성공할 능력이 있다는 믿음을 지녀야 하고 계발과 성장을 향한 갈증을 느껴야 한다'고 재능 계발 연구자인 애슐리 매리맨은 밝혔다. 그렇지만 매리맨은 '고지에 가까워질수록 조심스러워지는 심리', 즉 '이만큼이나 왔는데 이제 와서 망칠 수는 없다'는 생각 때문에 목표에 다가갈수록 두려움을 떨치는 것은 꽤 어려운 일이라고 지적했다.

이 덫에 빠져 망설임과 두려움이 슬그머니 찾아왔을 때는 자신이 현재 두려워하는 것이 무엇인지 스스로에게 물어야 한다. 일을 망치거나, 실패하는 것이 두렵다면 이런 결과를 피하기 위한 최고의 전략은 바로 승리하겠다는 태도로 임해야 한다는 것임을 명심해야 한다.

수많은 엘리트 운동선수와 고위 임원들을 대상으로 카운슬링을 진행해온 심리학자 스탠 비첨 또한 우리가 삶을 살며 무엇을 어떻게 성취할지는 두려움을 극복할 수 있는가에 달렸다고 말한다. "결국 두려움이 관건입니다. 두려움을 극복할 때 이길 수 있죠. 두려움을 극복할 때 한 번도 경험해보지 못한 최고의 1년을 맞이하게 될 것입니다. 두려움을 극복할 때 정말 미친 사람처럼 훈련에 집중할 수 있고 장학금을 받고 대학에 입학하는 일도 일어납니다. 그리고 시상대 위에 서고, 돈을 벌고, 낯선 사람들이 당신을 알아보는 일이 생기기도 하죠. 두려움이 사라질 때 비로소 진짜 삶을 살게 되는 겁니다."

**열정의
법칙 _**

- 두려움은 단기적으로는 강력한 동기요인이 되지만 장기적으로는 지속하기 어렵다.
- 두려움에서 비롯된 열정은 우리를 위험에 빠트린다.
- 두려움을 떨칠 때 '지지 않기 위해서'가 아니라 승리하겠다는 태도로 임하게 된다. 이기고자 할 때 우리는 건설적인 모험을 감행하게 되고, 이 과정에서 돌파구를 찾는 경우가 많다.
- 두려움을 느끼지 않는 사람은 없다. 이 두려움을 극복하느냐가 바로 지속 가능한 열정과 성과, 행복의 열쇠이다.

열정의 두 가지 유형

장기적 성과와 건강, 행복에 부정적인 영향을 끼치는 어둡고 비뚤어진 열정의 두 가지 유형에 대해 다루었다.

1. 외부적 성과와 타인의 인정에 집착하게 되는 보상에서 비롯된 열정
2. 실패를 피하고, 타인이나 자기 자신을 실망시킬지도 모른다는 두려움에서 비롯된 열정

두 가지 열정 모두 무언가를 좇는 즐거움에서 탄생한 것이 아니

다. 이 두 가지 열정은 고통으로 쉽게 변질된다.

생산적이고 건강하며 지속가능한 좋은 열정과 어둡고 비뚤어진 열정을 가르는 것은 어떤 일을 하는 이유이다. 스스로에게 인지시키는 이유가 아니라, 자신이 진정으로 믿고 납득하는 이유 말이다. 외부적 결과나 실패에 대한 두려움을 완전하게 무시해야 한다는 (무시할 수 있다는) 뜻이 아니다. 유전적으로 완벽하거나, 오랜 기간 멘탈 훈련과 수년간의 정신 수련을 한 것이 아닌 이상에야 성과나 실패를 신경 쓰지 않을 수 없다. 운동선수라면 승리의 순간에 짜릿함을 느끼기 마련이다. 작가라면 누구나 책이 팔릴 때 큰 기쁨을 느낀다. 심지어 페이스북, 트위터의 새 친구나 팔로워가 늘 때, '좋아요'를 받을 때면 누구나 약간의 흥분을 느낀다. 타인에게 실망감을 안겨주는 것에 두려움을 느끼지 않는 사람도 있겠지만, 내면을 깊이 들여다보면, 실패를 두려워하는 마음이 있다. 중요한 것은 이 두려움을 인정하되 잠식되지 않아야 하고, 열정의 원동력으로 삼아선 안 된다는 점이다.

글을 쓰기로 마음먹고 자리에 앉았다면 책을 많이 팔겠다는 것보다 글 쓰기에 집중해야 한다. 일을 하러 출근했다면 승진이나 성과금을 받기 위해서가 아니라 조직에 의미 있는 기여를 하겠다는 생각을 가져야 한다. 훈련을 하고 대회에 나간다면 상을 타거나 랭

킹을 높이는 것이 아니라 더욱 향상된 실력을 입증하고, 자신의 몸을 완벽히 이해하고 통제하겠다는 태도로 임해야 한다. 배우자나 자녀를 향한 사랑은 상대방과 특별한 관계를 쌓아가며 탄생하는 것이지, 상대방을 잃는 것이 두려워서 혹은 '친구들'이 모두 볼 수 있는 SNS에 올리기 위해 유지하는 것이 아니다. 열정이 외부에서 탄생되어서는 안 된다. 당신의 내면에서 시작되어야 한다.

이것이 조화열정harmonious passion이다. 우리의 삶에 있어야 할, 가장 바람직한 열정의 모습이다. 조화열정은 가장 훌륭한 형태의 열정이다. 장기적 성과, 활력, 건강, 삶의 만족도를 향상시키는 열정이다. 현재에 집중할 때 생기는 열정이고, 외부적 욕구나 두려움이 아니라 애정과 사랑에서 피어나는 열정이다. 조화열정을 찾고 지속하기 위해선 노력이 필요하다. 5장에서는 조화열정을 지니기 위한 중요한 태도에 대해 자세히 다룰 예정이다.

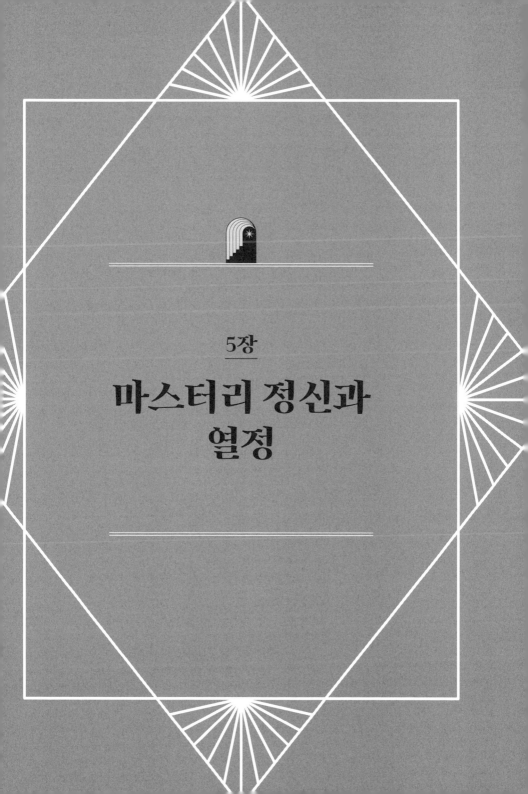

5장

마스터리 정신과
열정

MASTERY MINDSET

삶을 더욱 풍요롭게 해주는
조화열정의 힘

음악에서 다양한 음조가 완벽하게 어울려 동시에 소리를 낼 때 하모니가 탄생한다. 하모니를 단정 지어 설명하기는 어렵지만 듣는 순간 바로 알아차릴 수 있다. 귀로 들어서만이 아니라 느낌으로도 알 수 있다. 모든 것이 완벽히 맞아 떨어지고 모든 것이 완벽히 일치하는 상태이다.

음악적 하모니를 들을 때 경험하는 감정을, 열정을 떠올릴 때 혹은 열정에 몰입할 때 강렬하게 느낄 수 있다면 어떨 것 같은가. 말로 형용할 수 없을 정도로 열정과 완벽한 관계를 형성하고 있음을 온몸으로 체감하는 것이다. 올바른 목적으로 자신에게 완벽하게 어울리는 일을 하고 있다는 것을 자각하고, 열정을 통해 뼛속까지 확신에 차는 기분을 느낄 수 있다.

이것이 바로 로베르 발레랑이 말한 조화열정이다. 어떤 일을 하는 것이 그저 즐거워서 몰입할 때, 다른 목적을 이루기 위한 수단이 아니라 행위 그 자체가 목적일 때 피어나는 열정이다. 조화열정은 어떠한 계획이나 의도 없이 자유롭게 선택하여 무언가를 할 때, 잠재적 보상을 바라거나 부정적 영향을 피하기 위해서가 아니라 진심으로 즐거워서 무언가를 할 때 나타난다. 조화열정이 발현되는 모든 순간이 즐겁고 기쁘기만 한 것은 아니지만 대체로 상당한 성취감을 느끼게 해준다. 고대 그리스에서 에우다이모니아(굉장한 기쁨을 뜻하는 행복이 아닌, 개인이 의미 있다고 여기는 활동에 몰입해 자신의 잠재력을 완벽히 발휘하는 과정에서 얻는 행복)와 유사한 개념이다. 1970년대 심리학자이자 인문주의 철학자였던 에리히 프롬 역시 비슷한 맥락으로 생산적 활동이라는 개념에 대해 설명하며, 행복은 무언가를 소유하거나 보상을 얻는 데서 오는 것이 아니라 '살아있음을 점점 더 생생하게 느끼는 과정… 충만한 삶을 산다는 것은 자신이 무엇을 달성하느냐, 하지 못하느냐가 더 이상 중요한 문제가 아닐 정도로 큰 만족감을 주기 때문이다'라고 밝혔다. 한편, 조화열정의 주된 목적이 외부적 성과가 아님에도 오직 즐거움으로 어떤 행위에 완전히 몰입할 때 성과가 부산물처럼 찾아온다는 것은 대단한 역설이 아닐 수 없다. 성공에 집착하는 사람들은 오히려 성공에서 멀어진다. 성공을 생각하지 않는 사람들, 다만 자신의 일에 집중하는 사람들이 성공을 쟁취할 확률이 가장 높은 것이다.

아름답게 조화를 이룬 선율과 마찬가지로 조화열정 역시 마법처럼 생겨나는 것이 결코 아니다. 상당한 노력과 연습이 필요하다. 열정의 어두운 이면을 공공연하게 강조하고 장려하는 문화에서는 더더욱 그렇다. 결과 지향적이고, 순간의 행복에 집착하는 문화 속에서 우리는 어느새 소셜미디어의 인기투표로 개인의 가치를 판단하고 외부적 성과와 승리를 중요하게 여기게 되었다. 가장 최고의 형태인 조화열정을 찾고 유지하기 위해서는 지금껏 알고 있던 것과는 완벽하게 다른 마음가짐이 필요하다.

열정의 법칙 _

- 조화열정은 무언가를 하는 것 그 자체가 즐거울 때 생겨나는 열정이다.
- 조화열정은 건강, 행복, 성과, 삶의 만족도와 연관이 깊다.
- 조화열정은 상당한 노력과 연습이 필요하다.

내 삶의 중요한 마스터키,
마스터리 정신

마스터리는 태도이기도 하지만 하나의 방향이 되기도 한다. 지속적인 개선과 발전으로 향하는 길이다. 마스터리는 단기적(현재의) 및 장기적(평생에 걸친)인 몰입을 가치 있게 여기고, 일시적인(한때의 성공과 실패) 일에는 의미를 부여하지 않는다. 마스터리는 영적이거나 자기계발적인 개념이 아니다. 심리학과 생물학의 핵심 원리에서 근거한 정신이자, 조화열정을 품은 사람들의 삶 속에서 하나같이 찾아볼 수 있는 신념이다.

마스터리의 길을 걷는 사람은 그저 과업을 성취하는 것에 그치지 않고 그것을 건강하고 지속가능한 방식으로 달성한다. 이들의 가장 큰 성과는 지속적인 성장과 발전, 충만한 삶이다. 우리는 최상의 열정을 지니고 유지하는 훌륭한 퍼포머들은 마스터리 태도를 고수한다. 기꺼이 노력을 쏟을 준비가 되어 있는 사람이라면, 누구나 마스터리 태도와 그로 인해 얻게 될 긍정적인 변화를 누릴 수 있다. 이제부터 마스터리 태도의 여섯 가지 요소와 이를 실제적으로 활용하는 방법에 대해 알아보자.

마스터리 정신 1
: 내면의 동기를 자극한다

마스터리의 길을 걷고 있는 사람의 동기는 내면에서 발현된다. 이들의 주된 동기는 외부적 성공이나 두려움에서 생겨난 것도, 타인을 만족시키거나 특정 그룹 혹은 사회적 규범을 따르기 위한 것도 아니다. 이들의 동기는 어떤 행위 그 자체에 몰입하고 자신이 더욱 나아지고 싶다는 내적 욕망에서 비롯된다. 다시 말하지만, 이 과정이 매순간 즐겁고 기쁜 것만은 아니다. 그러나 이들은 길고 긴 여정 내내 지치지 않는 열의를 발휘한다.

마스터리의 경지에 이른 한 올림픽 수영선수의 이야기를 들려주고자 한다. 이 수영선수는 올림픽 준비를 위한 모든 훈련을 즐기지 못했다. 그녀에게 올림픽은 꿈의 무대겠지만 그래도 주된 동기요 인이 되지는 못했다. 그녀에게 가장 중요한 것은 수영선수로서 실력 향상이다. 자신의 신체적, 정신적 한계를 확장하고, 스트로크를 개선하고 물속에서 하나 된 움직임을 보이는 것에만 집중한다. 경기에서 금메달을 거머쥔 후에도 그녀는 모든 선수들이 회포를 풀기 위해 썰물처럼 빠져나간 수영장에 홀로 남아 스트로크를 연습하며 아주 미묘한 차이를 만들어내기 위해 노력할 것이다. 최고의 자리에 올랐지만 기량을 더욱 향상시키기 위해 매진할 것이다. 이 수영선수는 케이티 레데키이다. 마스터리의 경지를 향해 가고 있는 그녀는 리우 올림픽에서 다섯 개의 금메달을 획득한 후 가장 화려한 수상 이력을 지닌 여자 운동선수 중 한 명으로 자리매김했다. 들려오는 이야기에 따르면 그녀는 스탠포드 대학생의 신분으로 활동하기 위해 연간 최소 500만 달러의 스폰서십과 그로 인해 부가적으로 얻게 될 명성까지 거절했다. 쉽지 않은 결정이었을 것 같다는 질문에 그녀는 명료하게 답했다. "아뇨, 전혀요." 그녀는 대학선수로 수영생활을 경험하고 싶었고, 그렇게 하는 편이 장기적으로는 자신이 발전해나가는 데 더 도움이 될 거라고 생각했다.

당신에게도 케이티 레데키와 같은 면이 있는가? 수영 능력이나 재능을 말하는 것이 아니다. 당신의 태도를 묻는 것이다. 당신의 동기에서 가장 큰 비중을 차지하는 것이 무엇인가? 로봇이 아닌 이상에야 일정 부분 동기는 외부적 성과, 실패를 피하고 싶은 마음에서 비롯되는 것이 당연하다. 케이티 레데키 또한 리우 올림픽에서 금메달을 따길 바랐고, 내심 코치진과 팬, 자기 자신을 실망시키고 싶지 않다는 마음이 있었을 것이다. 하지만 금메달을 따겠다는 바람이나 기대에 부응하고 싶다는 마음보다 더욱 크게 작용한 것은 수영선수로서 성장하고 싶은 욕망이었다. 그렇지 않다면 대회를 모두 석권한 후에도 연습을 계속하고, 스탠포드 소속 수영선수로 남기 위해 수백만 달러의 돈을 거절할 수 있었을까? 그녀의 동기는 내면에서 비롯되었다. 레데키는 타인을 비교대상으로 삼은 것이 아니라, 과거의 자신보다 얼마나 더 나아졌는지, 현재 얼만큼의 노력을 하고 있는지로 자기 자신을 평가하고 있다. 가장 건강한 경쟁의 모습이라고 볼 수 있다.

마스터리 태도는 올림픽 메달, 책 판매, 작품 가격, 벤처자금조달 등 외부적 요인이 개인의 동기에 영향을 미쳐서는 안 된다는 개념이 아니다. 다만 이러한 외부적 동기 요인을 후순위로 삼아야 한다는 것이다. 물론 마음먹는다고 쉽게 되는 일은 아니다. 이런 외부적 요인이 마음을 점령하지 못하도록, 자신도 모르는 새 열정이 파시

오로 변질되지 않도록 신중히 결정하고 행동해야 한다. 아마도 가장 간단하고도 가장 효과적인 방법은 하루도 빠짐없이 자신이 있어야 할 곳에서 해야 할 일을 하는 것이다.

해야 할 일을 묵묵히 하는 것은 성공과 실패를 아무것도 아닌 것으로 만드는 대단한 힘이 있다. 굉장한 성취나 끔찍한 실패 후에도 흔들림 없이 자신의 일을 계속 할 때 외부적 결과가 그 일을 하는 근본적 이유가 아니라는 것을 새삼 깨닫게 된다. 우리가 좋아하기 때문에 하는 일이다. 이 일에 최선을 다하고 끊임없이 발전하겠다는 마스터리를 추구하고 있는 것이다. 특정 목표를 성취하는 것이 아니라 어떤 일을 계속 지속하는 것이다.

- 〈뉴욕타임스〉 베스트셀러 목록에 당신의 책이 올라갔는가? 계속 글을 써라. 그리하여 겸손을 배우고, 당신이 좋아하는 것은 책을 쓰는 것에 대한 이야기를 나누는 게 아니라 책을 쓰는 것이라는 점을 새삼 깨닫게 될 것이다. 책이 아무런 반응도 얻지 못하고 간신히 100부만 판매되었는가? 계속 글을 써라. 카타르시스를 느끼게 될 것이고, 작품에 몰입할 힘을 얻을 것이다.
- 당신이 시작한 스타트업이 백만 달러의 시드 펀딩 투자를 유치했는가? 당장 사업 계획을 실행하고 잠재 고객을 찾아다녀라. 펀딩 유

치에 실패하였는가? 사업 계획을 수정하고 투자자를 찾아 다녀라.

- 올림픽에서 다수의 금메달을 획득하였는가? 수영장으로 돌아가 수영하라. 올림픽 경기에서 사람들의 기대를 충족할 만한 결과를 내지 못했는가? 수영장으로 돌아가 수영을 계속하라.

물론 인간이라면 굉장한 성공 뒤에 짜릿한 흥분을 느끼고, 힘든 시련 뒤에는 실망하는 것이 당연하다. 성공은 마음껏 즐기고, 패배를 마음껏 아파하되 24시간 이내에는 원래의 위치로, 자신이 하던 일로 돌아와야 한다. 우리 두 사람이 이 원칙을 어떻게 실천하고 또 무엇을 느꼈는지 아래를 참고하길 바란다.

1. 자신의 책이 많은 사람들의 찬사를 받은 뒤 약간의 허무함을 느낀 브래드는 다음 작품에 집중하기 위해 애썼다. 떠들썩한 분위기에도 흔들리지 않고 다시금 글쓰기에 매진하며 스스로 겸손해지는 경험을 했다. 글쓰기 전략은 달라지지 않았지만 새 작품은 혹평을 받았다. 그는 좌절하지 않고 다음 작품을 시작했다. 이 과정에서 그는 자신이 작품으로 인정을 받는 것보다 글을 쓰는 것 자체를 더욱 좋아한다는 것을 새삼 깨달았다. 어떤 상황에도 글쓰기를 계속하는 것은 외부적 성과나 실패가 그의 동기에 영향을 미치지 않도록 차단

하는 가장 확실한 방법이다.

2. 코칭하는 선수의 연령대와 상관없이 스티브는 24시간 법칙을 따른다. 대회를 마친 후 선수는 딱 24시간 동안만 본인의 경기력에 대해 기뻐하거나 반성할 수 있다. 이틀 후에는 다시 원래의 자리로 돌아와 경기력 향상을 위한 훈련에 집중해야 한다. 이로써 대회에서 부족한 결과를 보인 선수는 자신의 머릿속에 울리는 부정적인 목소리를 지울 수 있고, 대회에서 우승한 선수는 현실에 안주하고자 하는 나태함을 극복할 수 있다.

위대한 승리와 끔찍한 실패에는 적어도 한 가지 공통점이 있다. 둘 중 무엇이든 경험한 후에는 제자리로 돌아오기가 쉽지 않다는 점이다. 이 저항을 극복하기 위해 노력해야 한다.

마음가짐이 모든 것을 결정한다

자신이 해오던 일로 돌아오는 것 외에 내면의 동기를 유지하는 데 효과적인 방법은 마음가짐을 달리 하는 것이다. 구체적으로 말하자면, 마스터리 태도를 핵심 가치로 삼는 것이다. 핵심 가치란 우리의 행동에 기준이 되는 원칙이며 변치 않는 이정표로서 우리가 생각하고 느끼고 실천하는 방향을 제시한다. 자신의 핵심 가치를 되새길 때 그 가치에 어울리는 삶을 살게 된다는 것이 연구를 통해 밝혀졌다. 최근 미국국립과학원 회보에 펜실베이니아대학과 미시건대학의 연구진이 자신의 핵심 가치에 대해 깊이 있게 고찰하는 사람들의 두뇌를 스캔한 연구 결과가 소개되었다. 이들의 두뇌에서는 '긍정적인 평가'와 관련이 있는 부분의 신경 활동이 강화된 양상을 보였다. 다시 말해, 우리가 핵심 가치를 되새길 때 두뇌는 말 그대로 생산적인 방향으로 변화한다는 의미이다. 이보다 더욱 중요한 점은 이 효과가 비단 두뇌에만 한정적으로 작용하는 것은 아니라는 것이다. 자신의 핵심 가치를 새기는 참가자들은 실제로도 어려움과 위기의 상황을 극복하는 힘이 있었다.

이 연구가 전하고자 하는 메시지는 분명하다. 굉장한 성과나 끔찍한 실패 후 당신의 반응이, 즉 내면으로 느끼는 감정과 외부적으로 표출하는 행동 모두가 마스터리라는 핵심 가치에 부합하는지 스스로에게 물어야 한다는 것이다. 이렇게 자문해야 성공과 실패를 경험할 때 찾아오는 격렬한 감정에 동기부여에 관여하는 두뇌가 점령당하지 않고, 마스터리 태도도 유지할 수 있다. 간단한 방법으로 정서적 타성과 이 타성에서 비롯되는 강박열정을 멀리할 수 있다.

동기란 자연적으로 내면에서 탄생하는 것이 아니다. 결과가 어떻든 본래의 자리로 돌아와 자신의 일에 다시 집중하지 않거나 마스터리를 향해 노력하는 태도를 핵심 가치로 삼지 않는다면, 외부적 동기는 어느새 우리의 머릿속으로 들어와 결국 마음을 지배할 것이다. 이런 일이 벌어지도록 내버려두어서는 안 된다. 라이너 마리아 릴케의《젊은 시인에게 보내는 편지》에는 어린 제자에게 외부적 동기에서 벗어나야 한다고 가르치는 대목이 나온다. "당신이 쓴 시가 어땠는지 내게 물었죠. 이미 다른 사람들에게도 똑같은 질문을 했을 겁니다. 당신이 쓴 시를 잡지사에도 보내겠죠. 다른 사람의 시와 비교하고, 몇몇 편집자들이 당신의 시를 이해하지 못한다면 마음이 불편할 겁니다 … 이제 이 모든 것을 그만두라고 부탁하고 싶습니다. 당신은 바깥만 바라보고 있는데, 이제 멈춰야 합니다 … 당신이 해야 할 일은 단 한 가지뿐입니다. 당신의 내면으로 깊이 들어가세요." 릴케가 전하는 충고는 단순하다. 무엇보다 적극적으로 내적 동기를 키워야 한다는 뜻이다.

동기란 복잡한 요인이 어우러져 유년 시절부터 형성된다는 점도 잊어선 안 된다. 어떤 상황에서든 아이들과 함께 어울릴 기회가 있다면 아이들이 자신의 관심과 흥미를 탐험할 수 있도록 장려하고 타고난 재능을 발휘할 수 있도록 지원해주어야 한다. 너무 심한 압박감을 주거나 성취에 따른 외부적 보상이나 실패에 따른 징벌을 강조해서는 안 된다. 당신이 어떻게 반응하느냐에 따라 아이들은 마스터리 태도에 가까워질 수도 멀어질 수도 있다. 아이들의 가치를 외부적 요인이나 결로 판단하는 양육자와 교사, 코치들이 너무도 많다. 이는 외려 역효과를 낳는 전략이다. 《테니스 이너게임The Inner Game of Tennis》의 저자 티모시 갤웨이는 이렇게 말했다. "외부적 요인에 빗대어 자신의 가치를 평가하는 법을 배운 아이들은 훗날 다른 것은 안중에도 없고 오로지 성공을 해야 한다는 욕망에만 사로잡힌다. 이러한 가르침이 남긴 비극은 아이들이 꿈꾸는 성공을 이루지 못한다는 것이 아니라, 성공하면 얻게 될 것이라 믿었던 사랑과 자존감을 끝내 얻지 못한다는 데 있다."

열정의 법칙 _

- 내면에서 피어나는 동기를 유지하기 위해 노력해야 한다.
  - 24시간 법칙을 지킨다. 실패든 성공이든 24시간 동안만 슬퍼하고 기뻐한 뒤에는 자신의 일로 돌아온다. 이때 외부적 동기의 힘이 약해지고 내부적 동기가 강해진다.

- 내면의 동기를 핵심 가치로 삼는다. 실패나 성공, 외부의 평가에 지나치게 감정이 동요한다 싶을 때는 잠시 멈추어 자신이 하는 일에서 가장 좋아하는 부분이 무엇인지 떠올려본다. 외부적 요인에 의한 것보다 내면에서 비롯된 동기가 더욱 건강하고 오래 지속할 수 있다는 점을 명심해야 한다.

• 양육자, 코치, 매니저, 교사는 당신이 가르치는 사람들의 외적 동기가 아닌 내적 동기를 자극해야 한다.

마스터리 정신 2
: 과정에 집중하라

스물여덟 살의 러너 브렌다 마르티네즈는 자신의 주 종목인 800 미터 달리기에서 가장 강력한 우승 후보로 참가해 첫 올림픽 출전을 눈앞에 두고 있었다. 그러나 얼마 전 열린 미국 올림픽 대표 선발전 경기 중 비극적인 일이 일어났다. 결승점까지 100미터도 채남지 않은 상황에서 선수 한 명이 비틀거리다 넘어졌고 그 여파로 마르티네즈는 중심을 잃었다. 다시 몸을 일으켜 달리기 시작했지만 이미 그녀를 앞지른 선수 세 명이 결승선을 통과하며 올림픽 출전 자격을 따냈다.

마르티네즈로서는 심란하고 우울할 수밖에 없는 사건이었다. 가장 자신 있는 종목의 올림픽 출전 자격을 본인의 잘못이 아닌 운이 나빠 벌어진 사고 때문에 놓치고 말았으니 말이다. 그러나 마르티네즈는 강한 사람이었다. 아쉬움에 젖는 대신 그녀는 취재진에게 다음 경기인 1,500미터 달리기 시합에 집중하겠다고 밝혔다. "트랙은 제 기분이 어떤지 신경 쓰지 않아요. 무슨 일이 있든 무조건 앞으로 달려 나가야만 하죠." 그녀는 자신의 말대로 경기에 집중했다. 며칠 후 올림픽 선발전에서 그녀가 여섯 번째로 참가한 1,500미터 경기에서 그녀는 결승선을 향해 몸을 던져 0.03초 차이로 3등 안에 들어오며 미국을 대표해 리우 올림픽에 출전할 자격을 얻었다. 더욱 놀라운 사실은 800미터 경기에서 말 그대로 누군가 다리를 거는 사건이 없었다면 참가하지 않았을 경기에서 올림픽 출전 티켓을 얻었다는 점이다.

마르티네즈로서는 충분히 집중력을 잃고 회환이라는 악순환에 빠져 있을 법한 사건이었다. 어쩌면 우울증이나 번아웃까지 겪을 만한 일이었다. 가장 중요한 경기였던 800미터 종목에서 타인의 실수로 비롯된 실패야말로 열정의 어두운 면을 충분히 이끌어내고도 남았다. 그러나 브래드가 대회 종료 직후, 〈뉴욕매거진〉에 실릴 인터뷰를 위해 마르티네즈를 만났을 때, 그녀는 올림픽 대표 선발전에 오기까지 10년 동안 시련과 고통, 위기를 경험하며 한결같이 지켜왔던 마음가짐으로 대회에서 벌어졌던 사고도 이겨낼 수 있었다고 답했다. "800미터에서 있었던 일은 재빨리 잊고 제 루틴에 집중했어요. 다음에 열릴 대회를 위해 제가 할 수 있는 아주 사소하고 일상적인 것들에 집중했죠." 마르티네즈는 올림픽 팀에 합류해야 한다는 목표의 노예가 아니었다. 그녀는 과정에 집중했다.

마르티네즈의 이야기를 통해 목표를 크게 가져선 안 된다는 말을 하려는 것이 아니다. 목표란 우리를 움직이는 조종 장치이자, 생산적인 도구이다. 그러나 한 가지 구체적인 목표에 지나치게 집착한다면, 더욱이 그 목표가 당신의 통제 밖에 (시합에서 이기는 등) 있는 것이라면 우리에게 해를 끼치는 경우가 훨씬 많다.

마스터리 태도란 하나의 목표에 집중하는 것이 아니라, 점차 자신의 전반적인 역량을 향상시키는 과정에 집중하는 것을 의미한다. 마스터리 태도를 지닌 사람은 특정한 목표를 달성했는가로 자기 자신을 평가하는 것이 아니라 얼마나 성실히 과정을 밟아나갔느냐로 자신을 판단한다. 결국 우리가 통제할 수 있는 것은 결과가 아니라 과정이다.

과정의 중요성

과정을 중요하게 여긴다는 것은 목표를 분해해서 더 작고 실천 가능한 요소에 집중한다는 뜻이다. 멀리 있는 꿈을 좇는 중이거나 시련이나 실패에 맞닥뜨린 때도 현재의 순간에만 온전히 집중하는 정밀한 '포커싱 메커니즘'이라고 볼 수 있다. 마르티네즈의 경우, 800미터에서 벌어진 불상사를 마음에서 지우고 1,500미터에서 좋은 모습을 보일 수 있도록 영양과 건강, 수면, 운동에 전념했다. 그녀는 올림픽 출전으로 얻게 될 외부의 인정과 평가에 지나치게 관심을 두지 않았고 자신이 할 수 있는 준비 과정에 더욱 몰입했다.

이런 태도는 올림픽처럼 대단히 중요한 목표를 향한 길고 험난한 준비기간 동안 조화열정을 유지하기 위해 반드시 필요하지만, 목표 규모와 관계없이 그림을 완성하고, 승진을 하고, 타인과의 관계를 쌓아가는 등의 사소한 열정을 발휘하기 위해서도 필요하다. 자, 이제 목표를 세워보자. 목표는 목적지가 아닌 방향이 되어야 한다. 그 다음으로는 목표를 달성하기 위해 당신이 직접적으로 할 수 있는 과정을 단계별로 생각해본다. 그 후 목표를 (거의) 잊고 작은 단계를 하나씩 완수하는 데 집중한다.

과정에 집중할 때 일상 속에서 작은 승리를 경험할 수 있다. 이 작은 승리들이 점점이 모여 마스터리에 이르는 항로가 되고, 오랜 여정 동안 동기를 유지할 수 있는 원동력이 된다. 이미 수많은 연구를 통해 작은 승리의 역할이 중요한 이유가 밝혀졌고, 저명한 과학 잡지인 〈네이처〉에도 한 연구결과가 소개된 바 있다. 연구진은 생쥐가 멀리 있는 목표(미로 속에서 길 찾기) 등을 달성하는 과정에서 아주 작은 목표를 성취했을 때, 이들의 몸에서 동기와 의욕에 관여하는 신경 전달 물질인 도파민이 분비되는 것을 밝혔다. 도파민이 분비되지 않았을 때 쥐들은 의욕을 잃고 포기했다. 사람에게도 똑같이 적용된다고 말하기 어려운 부분도 있지만 연구진은 인간도 크게 다르지 않다고 보고 있다. 과정에 집중할 때 앞으로 나아갈 수 있고, 앞으로 나아갈 때 우리 몸 안의 신경 전달 물질을 통해 끈기 있게 지속할 힘을 얻는다.

과정에 집중하는 것이 동기에 긍정적인 영향을 미친다는 것도 중요하지만, 이보다 주목해야 할 점은 과정에 집중하면 어찌할 수 없는 외부의 일을 기준으로 자신의 가치를 평가하는 일이 줄어든다는 것이다. 올림픽 대표 선발 출전 대회에서 다른 선수의 다리에 걸려 넘어지는 일 같은 것 말이다. 과정에 집중한다면 열정의 어두운 힘이 우리에게 영향력을 행사하지 못하고 자신의 가치를 외부적 목표를 달성했는가의 여부로 판단하지 않게 된다. 또한 정말 최선을 다했다는 내면의 만족감을 느끼며 자신감이 가득해진다. '내가 할 수 있는 것은 다 했으니 결과가 어찌되든 괜찮아'라고 말할 수 있는 것이다.

자신의 열정을 장시간 좇다보면 어쩔 수 없이 성공과 실패를 두루 경험할 수밖에 없지만 마스터리의 경지에 이르는 길은 길고 긴 여정이라는 점을 명심해야 한다. 과정에 집중할 때 긴 여정 내내 침착하고 신중한 태도와 변치 않는 동기를 유지하며 끝까지 나아갈 힘을 얻는다. 특정 목표를 달성했는지 되새기는 데 지나치게 많은 시간을 허비하지 않아야 한다. 다만 과정에 충실했는지를 반성해야 한다. 그래야 당신이 정한 큰 목표를 향해 한 걸음씩 나아갈 수 있다. 목표는 방향이지 목적지가 아니다. 과정에 집중해야 여정의 모든 순간에 온전히 집중할 수 있다.

열정의 법칙 _

• 결과가 아닌 과정에 집중한다.

• 목표 그 자체보다 목표를 달성하기 위해 자신의 선에서 할 수 있는 일을 작게 나누어 그것에 집중한다. 목표란 반드시 도달해야 할 결승점이 아니라 방향임을 명심한다.

- 목표를 향해 달려가는 과정에서 소소한 승리를 누린다. 그렇게 해야 멀리 떨어진 큰 목표를 달성하기까지 동기를 꾸준하게 유지할 수 있다.
- 여정을 온전히 경험할 때 행복하고 자신감 넘치며 만족한 모습으로 목적지에 이를 수 있다.

마스터리 정신 3
: 더욱 나아지겠다는 태도

마스터리 정신을 내면화하고 조화열정으로 가득한 삶을 살기 위해서는 구체적인 목표에 지나치게 집착해서는 안 되고 더욱 나아지겠다는 최종 목표에 집중해야 한다. 자기 향상을 최종 목표로 삼는다면 실패나 성공 모두 일시적이고 단편적인 경험으로 넘길 수 있다. 오랜 시간 계속 정진해나가며 영원히 성장을 멈추지 않을 것이기 때문이다. 한 순간의 사건으로 자기 자신을 규정하지 않고, 끝없는 성장과 향상을 위한 평생의 노력이 당신이란 인간을 대변한다. 당신이 열정을 갖고 하는 일이 어떠한 목표로 이어지는 것이 아니라, 당신이란 사람의 일부가 된다. 책을 팔기 위해 글을 쓰는가, 아니면 작가가 되고 싶은가? 마라톤에서 이기기 위해 달리는가, 아니면 당신은 러너인가? 초상화를 팔기 위해 그림을 그리는가, 아니면 당신은 화가인가?

무엇을 이루기 위해 이 일을 한다는 동사에서 이 일이 곧 나라는 명사로 바뀔 때 평생 동안 조화롭게 열정과 함께하는 삶을 누릴 수 있다. 이것은 어려움과 실망 혹은 큰 승리를 경험하지 않는다는 의미가 아니다. 다만 구체적인 성과와 실패가 하나의 종착역이 아니라 발전했다는 증거이자 자신의 약점을 깨닫는 계기로, 오래 지속될 여정 중에서 자신의 능력을 향상시키고 과정을 개선시키는 정보로 활용하라는 뜻이다.

아이러니하게도 '더욱 나아지겠다'는 태도는 물리적으로 더욱 나아질 수 없는 상황에서 더욱 큰 힘을 발휘한다. '더욱 나아진다'는 개념은 객관적인 결과라기보다 열정과의 관계를 발전시키는 쪽에 가깝기 때문이다. 대단한 열정을 발휘하는 사람 중 다수는 더욱 나아지겠다는 의미를 더욱 강해지고, 친절해지며, 현명해지겠다는 뜻으로 이해한다. '더욱 나아지겠다'는 것은 열정을 추구하는 과정에서 당신이란 한 인간이 변화하고 성장한다는 의미이다. 이 변화는 우리가 나이를 먹어가며 신체적, 인지적 능력을 점차 잃어갈 때 더욱 중요한 의미를 지닌다.

- 젊을 때 더욱 빨리 많은 책을 팔기 위해 글을 쓴 사람은 나이가 들어 그만둘 확률이 높다. 하지만 작가는 매번 새로운 지혜와 통찰력을 작품에 실으며 꾸준히 글을 쓸 것이다. 작가는 단 하나의 진정한 실패란 글쓰기를 멈추는 것이란 것을 잘 안다.
- 젊은 시절 오로지 경기에 이기기 위해 달리기를 한 사람이라면 나이가 든 후 복식 테니스나 수중 에어로빅으로 전향한다. 그러나 러너라면 길 위에서 달리기를 멈추지 않을 것이다. 기록은 부진해지고, '달리기'라기보다는 '조깅'이나 '걷기'에 가까운 움직임이겠지만 이 사람과 달리기와의 관계는 더욱 굳건해지고 단단해질 것이다. 발걸음이 아무리 느려져도 계속 달린다면 그만둔 것보다는 빠른 속도로 움직이는 것이고, 결국 계속해왔다는 자체가 가장 커다란 승리가 될 것이다.

목표가 더욱 나아지는 거라면 당신의 열정과 평생 동안 함께하겠다는 의미이다. 더 이상 열정은 당신이 하는 일이 아니라 당신이란 사람 그 자체가 되는 것이다. 치명적인 패배와 위대한 성공, 이 모든 여정을 견디게 해줄 견고한 관계를 열정과 형성하는 것이다. 당신의 열정이 무엇이든 잠시 멈추어 목표를 점검해보길 바란다. 만약 당신의 목표가 구체적인 결과를 성취하거나 이기거나 지는 승패에 달려 있다면 마스터리 정신을 바탕으로 목표를 재설정해야 한다. 최종 목표는 과거의 자신보다 더욱 나아지는 것, 더욱 강해지고 친절해지며 더욱 현명해지는 것이다. 마스터리 정신을 새긴다면 시간이 흐른 후 당신이 꿈꿔왔던 모든 목표를, 어쩌면 전혀 예상치도 못했던 목표마저도 이룰 수 있을 것이다.

열정의 법칙 _

- 최종 목표는 더욱 나아지는 것이다.
- '더욱 나아진다'는 것은 객관적 결과를 뜻하지 않는다.
- 일시적인 성취보다 지속적인 향상에 주력한다. 그래야 좋을 때도 힘들 때도 함께 할 수 있는 조화열정이 탄생한다.
- 승패의 관점에서 벗어나 과거의 자신보다 더욱 나아지고, 강해지며 친절해지고 현명해지기 위해 노력한다.

마스터리 정신 4
: 장기적 이득을 위해
단기적 실패를 수용한다

신체를 단련하는 것과 관련해 가장 널리 알려진 법칙이 하나 있다. 근육을 키우고 싶다면 육체에 굉장한 부담이 가는 순간에 운동을 몇 번 더 반복해야 한다는 것이다. 운동과학에서는 이를 근육의 피로 지점이라고 부른다. 이렇게 해야 앞으로 발생할 위기의 상황을 견디기 위해선 근육이 커지고 적응해야 한다는 강력한 신호가 몸에 전달된다. 실패 지점에 도달할 때 생물학적으로 우리 몸은 변화해야 한다는 것을 깨우친다. 실패를 경험할 때 우리는 앞으로 닥칠 더욱 큰 시련에 준비하기 위해 진화하고 변화한다. 다시 말해, 우리의 몸은 실패를 경험하지 않으면 성장하지 못한다는 의미이다. 이 원칙은 비단 근육에만 해당되는 것이 아니다.

〈정신건강 프론티어스〉 저널에는 재능계발 연구자인 데이브 콜린스, 애인 맥나마라, 닐 맥카시가 유소년 시절 세계 최고의 기량을 자랑했던 선수들 가운데 왜 어떤 선수들은 성인이 된 후에도 세계 최고의 자리를 유지하고(세 사람은 이들을 '슈퍼 챔피언'이라고 불렀다), 어떤 선수들은 성인이 된 후 이류(잔인하지만 이들을 '거의 챔피언이 될 뻔한 사람들'로 칭했다)가 되는지 연구한 내용이 실렸다. 세 연구자들은 슈퍼 챔피언과 챔피언이 될 뻔한 사람들의 차이는 부분적으로나마 역경에 대처하는 자세에서 비롯된다는 것을 발견했다.

슈퍼 챔피언 선수들은 어려움에 요령 있게 대처하며 부단히 노력하는 반면, 챔피언이 될 뻔한 사람들은 의욕을 잃고 퇴보하는 모습을 보였다. 연구진은 이렇게 정리했다. "슈퍼 챔피언은 도전 앞에서 광적인 반응을 보였다." 이들은 도전과 어려움을 성장할 기회라고 여기며 긍정적으로 바라봤고, '절대로 만족할 줄 모르는' 태도로 실패를 극복했다. 더욱 성장하길 바랐고, 자신의 능력이 어느 정도인지 확인하고 싶어 했으며, 자신의 '베스트'가 어느 정도인지 경험하고 싶어 했다. 반면 챔피언이 될 뻔한 선수들의 경우 외부에서 책임을 전가할 대상을 찾았고, 부정적으로 상황을 바라보며 동기를 잃었다. 두 그룹이 경험한 시련의 정도가 비슷했음에도 반응은 전혀 달랐다.

실패의 중요성

    과거에 시련을 경험한 사람들이 훗날 끈기 있는 노력을 발휘하고 성공할 확률이 높다는 기존의 심리학 연구 결과와도 맥락을 같이 한다. 구직자 가운데 실패를 경험했던 사람을 채용하고자 하는 기업이 점차 늘고 있고, 이들에게 중요 프로젝트를 맡기는 경향이 커지고 있다. 아마존은 최근 소비자의 집으로 식료품을 배달해주는 아마존프레시 사업을 시작했다. 사업 운영을 위해 아마존은 (업계 거의 최초로) 식료품 배달 전문 기업으로 등장해 2001년에 파산한 웹밴의 전 경영진을 고용했다. 아마존의 CEO인 제프 베조스는 주주 서한에서 '혁신에서 가장 중요한 것은 실패입니다'라고 밝혔다.

    실패를 배움의 기회로 삼을 뿐 아니라 마스터리의 경지에 이르는 과정으로 활용한다면, 실패를 극복하는 것은 물론 훨씬 강해질 수 있다. 문제는 실패를 어떻게 받아들이는가가 핵심이다. 실패를 당신이 바꿀 수 있는 변수로 볼 것인가, 당신이 관여할 수 없는 불운이라고 넘길 것인가? 아니면 당신이 부족해서 벌어진 일이고 앞으로도 영원히 그럴 거라고 자책할 것인가? 우리는 실패를 후자처럼 받아들일 때가 너무나도 많은데, 이런 생각 때문에 실패에 대한 두려움이 생기고 역경과 도전을 피하려고만 한다. 이는 어린 시절의 경험으로 생겨난 하나의 기질이다. 실패를 두려워하는 학생들은 어려운 문제에 맞닥뜨렸을 때 포기하고 그만두는 경향이 높다는 점이 수많은 연구를 통해 드러났다. 그러나 마스터리 정신을 지닌 학생들은 지지 않고 앞으로 나아가며 대안을 찾았다.

실패에 대한 두려움을 없애기 위해선 자아의식과 자아를 외부적 결과물에서 분리하려는 노력이 필요하다. 그렇지 않으면 실패는 당신이란 인간의 실제적 '자아'를 공격하게 된다. 그렇게 되면 타인을 비난하거나 위험을 감수하려 들지 않거나, 최악의 경우 거짓말을 하는 등의 자기 방어적 기재가 드러날 수밖에 없다. 앞서 등장했던 유명한 비즈니스인과 운동선수의 사례처럼 열정의 어둠에 잠식당하는 것도 이 때문이다. 반면 자아를 실패와 분리할 때 실패는 굉장한 정보이자 성장의 계기가 된다. 외적 동기요인과 마찬가지로 자아 역시 당신도 모르는 새 슬며시 고개를 들 때가 있다. 자아의 활약을 막는 마스터리 정신을 함양하는 것이 중요한 이유가 이것이다.

실패에 대한 두려움을 떨쳐야 한다고 해서 실패를 적극적으로 찾아다니라는 의미는 아니다. 과감한 도전을 감행하고 한계를 초월해야 한다는 뜻이다. 이때 두 가지 일이 벌어진다. 돌파하거나 실패하는 것. 이 두 가지 결과 모두 마스터리에 이르는 과정에 중요한 역할을 한다. 단 한 번의 도전으로 장인이 되는 사람은 없다. 수많은 실패를 거듭하고 그때마다 값진 교훈을 배우며 마스터리에 이르는 것이다. 실패를 할 때마다 끊임없이 더 나아지기 위한 필요한 지식을 얻게 된다. 단기적으로는 실패라고 여겼던 일들이 장기적 성장에는 핵심적인 역할을 할 때가 많다. 오래된 동양 속담에도 있지 않은가. "달인은 초보자가 시도한 횟수보다 더욱 많은 실패를 경험한 사람이다." 마음 깊이 새겨야 할 말이다.

열정의 법칙_

• 슈퍼 챔피언의 태도를 지녀라.

– 실패에 지나치게 낙담하거나 슬퍼하지 않는다.

– 실패를 생산적으로 활용해 굉장히 중요한 정보를 얻는 계기로 삼고 당신이 어떤 면이 부족하고 더욱 나아질 수 있는지 자세히 들여다보는 기회로 삼는다.

• 단기적으로는 실패라고 여겼던 일들이 장기적인 성장을 달성하기 위한 중요한 역할을 한다는 사실을 명심하라.

마스터리 정신 5
: 인내심을 발휘하라

단순하고도 중요한 진리가 몇 가지 있다.

- 마스터리에 이르는 길은 굉장히 험난하고, 오랜 시간과 부단한 노력이 동반된다.

- 장기적 성장에는 반드시 권태기가 찾아오는 시기가 있다.

- 인간은 본능적으로 새로움과 자극을 추구하도록 설계되어 있어 '해법'이나 '비법'과 같은 말에 혹하기 쉽지만 이런 것들이 진짜 도움이 되는 경우는 드물다.

- 마스터리의 경지에 이르기 위해, 즉 자신의 능력을 최대한 발휘하고

평생에 걸쳐 열정을 유지하기 위해서는 인내심이 반드시 필요하다.

그러나 인내심은 거저 얻어지는 것이 아니다. 더욱이 요즘 같은 세상에는 더더욱 찾아보기 어려운 가치이다. 이제 인내심은 귀중한 능력이자 경쟁력이 되었다. 현대 과학기술로 인해 우리의 인내심은 약해졌고 즉각적인 만족감을 좇는 성향이 강해졌기 때문이다. 우리가 원하는 것을 그 즉시 얻어야 한다는 심리가 커지고 있다. 우리는 별 다른 노력을 들이지 않고도 즉각적으로 어려운 질문에 답을 찾고(구글), 지구 반대편에 있는 사람들과 대화를 나누고(스카이프), 데이트 상대를 찾는다(틴더). 현대 기술을 통해 세계는 한눈에 파악할 수 있을 정도로 작아졌지만, 우리의 주의집중 시간도 짧아지는 폐해를 낳았다. 그 결과 우리는 아무 일도 벌어지지 않는 고요한 시간을 견디지 못하게 되었다. 최근 한 연구에서는 사람들이 몇 분 동안 휴대용 기기 없이 가만히 앉아 있는 것보다 스스로 전기 충격을 주는 쪽을 택한다는 결과가 발표되기도 했다.

인내심이 줄어드는 현상이 걱정스러운 이유는 작가이자 합기도 유단자인 조지 레너드의 말처럼 '대단한 것을 배우기 위해선, 스스로 변화하기 위해선 정체기에 오래 머무를 의지가 있어야' 하기 때문이다.

정체기를 오래 견딜 의지란 결국 조화열정과 강박열정의 차이에서 온다. 심리학자인 로베르 발레랑이 강박열정의 개념을 소개하기 한참 전에 레너드는 이미 강박 성향에 대해 적은 바 있다. 그는 마스터리에 필수적인 인내심과 끈기가 부족한 사람을 가리켜 이렇게 말했다.

강박 성향을 지닌 사람은 실리적인 것을 추구하고 차선에 만족하지 못하는 사람이다. 이들에게 중요한 것은 과정보다는 결과이고 무엇보다 빨리 결과를 얻는 것이다. 이들은 수업 첫 날 곧장 스트로크를 완벽하게 익히길 바란다. 수업이 끝난 후 강사에게 따로 질문을 한다. 빨리 배우는 데 도움이 될 만한 책이나 영상을 추천해달라고 강사에게 부탁한다. 강박 성향을 지닌 사람은 처음부터 비약적인 성장을 보인다. 본인이 바랐던 것처럼 초반에는 강력한 스퍼트를 발휘한다. 하지만 어쩔 수 없이 정체하고 퇴보하는 시기가 오면 견디지 못한다. 이제는 두 배의 노력을 기울인다. 무자비하게 자기 자신을 몰아세운다. 너무 무리하는 것도 좋지 않다는 상사나 동료의 조언을 거부한다. 사무실에서 밤새도록 야근을 하고, 빠른 성과를 내기 위해 편법의 길로 빠져든다. 강박 성향을 지닌 사람은 과장된 BGM을 틀어놓고 저 멀리에 있는 별을 향해 여행하듯 더 위로 더 높이 오르기 위해 산다. 화력이 식어도 다른 곳으로 한 눈을 팔지 않는다. 자신이 할 수 있는 모든 방법을 동원해 우주선 이 운항을 계속하도록 만든다. 사람이 발전하는 과정에서 정체기 가 필요하다는 것을 전혀 이해하지 못한다 (…) 무슨 일을 하든 단 기간에 비약적인 발전을 이뤄내지만 금방 추락하고 만다. 이때 강 박 성향을 지닌 사람은 마음의 상처를 입는다. 뿐만 아니라 이 사 람 주변 지인들, 동료, 주주, 연인도 마찬가지이다.

발레랑의 강박열정과 레너드의 강박적 성향은 놀라울 정도로 비 슷하다. 앞서 소개된 마스터리 정신의 요소들, 즉 내면에서 동기를 찾고, 결과보다는 과정을 중시하고, 최고가 아니라 더 나아지는 것 에 일류가 되고, 장기적 성장을 위해 단기적 실패를 수용하려면 인 내심이 필요하다. 인내심이야말로 가장 중요한 원칙이자, 마스터 리 정신과 여기서 비롯되는 조화열정까지 모두 가능케 하는 요소 이다. 처음에는 조화열정으로 시작했어도 인내심이 없다면 금세 적응성이 떨어지고, 우리에게 고통과 괴로움만 주는 강박열정으 로 변질되고 만다.

끈기 있게 행동하라

레너드 글의 교훈은 인내심을 갖고 끈기 있게 행해야 한다는 것이다. 그렇다고 해서 이렇게 하는 게 쉽다는 말은 아니다. 앞서 언급했듯 인내심은 계발하고 노력해서 얻는 것이지, 타고나는 기질이 아니다. 인내심에 관해서라면 브렛 바살러뮤가 전문가이다. 그는 NFL 올스타에서 UFC 챔피언까지 세계 최고의 운동선수 여럿을 관리하는 스트렝스 및 컨디셔닝 코치이다. 그와 함께하는 선수들은 대단히 열정적인 사람들이다. 그렇지 않았다면 애초에 세계 최고의 자리에 오르지도 못했을 테니 말이다. 바로 이것이 바살러뮤가 어려움을 겪는 지점이다. 이미 세계 최고인 선수들을 더욱 높은 수준으로 끌어올리려면 특별한 노력이 필요하다. 이들에게는 아주 약간의 성장도 끌어내기가 쉽지 않다. 좋음, 훌륭함, 최고, 이 세 가지를 가르는 미미한 성과의 차이를 끌어내기 위해서는 제법 오랜 시간이 걸린다.

스테로이드성 약물 사용이 불법으로 간주되고 지나친 훈련이 선수의 부상을 야기하기 때문에 선수의 끈기와 노력이 떨어지고 있다는 것을 감지하면 바살러뮤는 선수의 목적의식을 자극하는 전략을 쓴다. 이는 훌륭한 접근법이자 우리가 적극 권장하는 태도이다.

또한 아주 쉽고 효과도 빠른 전략이기도 하다. 이 전략은 자기 자신에게 왜 이것을 하는지 묻는 것이다. 자신의 목표를 성찰하는 것이 중요하다는 점은 과학적으로도 밝혀졌다. 핵심 가치와 마찬가지로 자신의 목표를 되새길 때 마스터리 정신이 강해질 뿐 아니라 장기간 여러 난관을 견뎌낼 내성이 생긴다. 만약 자신이 왜 그토록 열정적인지 자문했을 때 얻은 답변이 외부의 긍정적 평가를 위해서 혹은 실패를 피하고 싶어서라면 좀 더 진지하게 고민해야 한다. 한편 더 나은 인간이 되기 위해서 마스터리 정신의 연장선상에 있는 답변이 떠오른다면, 주기적으로 자신의 목표를 되새기고 현재의 일을 지속하는 이유와 가치를 상기하는 것이 큰 도움이 된다. 특히나 권태기와 정체기가 찾아왔을 때는 더욱 그렇다.

목표를 성찰하는 것은 동기 향상이라는 장점뿐 아니라, 충동과 행동 사이에 간격을 만들어주는 효과가 있다. 실패를 할 때마다 부정적으로 생각하거나 지름길을 택하고 싶고, 그만두고 싶다는 충동이 행동으로 이어지지 않도록 선을 긋는 것이다. 그래야 결혼 생활, 스포츠, 일, 공부, 혹은 관계 등 강력하고도 새로운 유혹 앞에서 흔들리지 않을 수 있다.

- 인내심은 기질이 아니라 시간을 들여 계발하는 스킬이다.

- 인내심은 마스터리와 조화열정에 필수적인 요소이다. 무언가를 끝까지
해내고, 힘들고 권태로운 시간을 잘 견디는 능력으로 좋음, 훌륭함, 조
화열정과 강박열정의 차이가 만들어진다.

- 인내심을 키우는 가장 좋은 방법 중 하나는 자신의 목표, 이 일을 하는
'이유'에 대해 되새기는 것이다. 이유를 되새김으로서 처음 왜 이 일을 시
작했는지 다시금 자각하게 되고, 충동과 행동 사이의 간격이 형성된다.

마스터리 정신 6
: 현재에 집중한다

밖으로 나가 담벼락을 가만히 쳐다본다. '페인트가 마르는 것을 지켜보는 것'(watch paint dry-상당히 지루하고 재미없는 일을 뜻하는 표현-옮긴이)이다. 담벼락을 응시하는 것이 재밌거나 계속 하고 싶다고 생각하는 사람은 거의 없을 것이다. 상당히 지루하게 느껴질 것이다. 그러나 철학자이자 작가인 로버트 M. 피어시그는 다르게 생각했다. 피어시그는 《선과 모토사이클 관리술》에서 너무나 지루한 일이라도, 어떤 일이든 완벽히 몰입하는 행위의 중요성을 역설했다. 과거 그가 가르쳤던 한 대학생의 이야기를 들어 설명했다. 처음 학생에게 미국에 대한 에세이를 써올 것을 주문했다. 제대로 된 에세이를 쓰지 못해 절망한 채로 수업에 들어온 여학생에게 피어시그는 살고 있는 지역, 몬태나 주 보즈맨으로 주제를 좁혀 다시 생각해보라고 조언했다. 그럼에도 이 여학생은 이후 몇 주 간 한 글자도 쓰지 못했다. 피어시그는 그녀에게 관심을 갖고 열심히 관찰하지 않아서 글을 쓸 수 없는 것이라고 말했다. "아무것도 볼 생각을 하지 않는군요! 보즈맨의 중심가에 있는 건물 하나의 앞면에서부터 시작하세요. 오페라 하우스. 오페라 하우스의 왼쪽 상부 벽돌부터요."

교실을 나선 여학생은 오페라 하우스 앞에 자리를 잡고 앉아 왼쪽 상부 벽돌을 응시했다. 그녀는 자신도 놀랄 만큼 갑자기 글을 쏟아냈다. 얼마 지나지 않아 500자가 아닌 무려 5,000자 분량의 에세이를 완성했다. 그저 오페라 하우스의 벽돌을 관찰한 것만으로 가능했다. 피어시그는 이렇게 적었다. "그녀는 지금껏 보즈맨에 관련해 들었던 이야기 가운데 글로 옮길 만한 내용을 떠올릴 수 없었다. 이 학생은 에세이를 통해 직접 고백했듯이, 앞서 어떤 이야기가 오갔든 거기에 상관없이 자신이 사물을 새로운 관점에서 볼 수 있다는 사실을 깨닫지 못했다. 주제를 벽돌 한 개로 좁히고 나자 가로막혀 있던 걸림돌이 사라졌다. 본인이 직접 관찰해야 할 대상이 분명해졌기 때문이다." 피어시그는 무언가에 깊이 몰입할 때 상황을 분명하게 이해하고 인생을 더욱 충만하게 살 수 있다고 믿었다.

몰입의 힘

우리가 현재 하고 있는 일에 온전히 집중할 때 그 일의 진가를 새로이 깨우치고 본인의 역할이 무엇인지 깨닫게 된다. 그러나 우리는 관심을 어디에 어떻게 쏟을 것인지 고민하고 결정하기보다는 하루의 대부분을 자동반사적으로 반응하며 보낸다. 그러나 열정을 지속시키기 위해선 우리의 주의를 분산시키는 것들을 없애야 하고, 머리를 가득 채운 일상적이고도 자동적인 생각에서 벗어나야 한다. 즉, 열정에 완전히 몰입할 수 있도록 시간과 공간, 에너지를 따로 안배해야 한다는 뜻이다. 하루 종일, 매일 그렇게 할 수는 없지만, 열정에 할애하는 시간을 최우선으로 하고 이 시간만은 신성하게 만들어야 한다는 의미다.

단 하나의 벽돌이라도 우리가 마음을 쏟아 응시한다면 충분히 의미 있는 행위가 될 수 있다는 생각은 비단 피어시그만 한 것은 아니다. 그처럼 생각했던 철학자들이 있다. 오토바이 수리공이자 작가인 매튜 크로포드는 '무언가를 즐긴다는 것은 그 일에 완전히 몰입한다는 뜻이다. 여기서 몰입이란 그 일을 의미 있게 만드는 요소 혹은 좇을 만한 가치가 있는 요소에 헌신적이고 적극적으로 집중하는 것을 말한다'고 밝혔다. 철학자이자 작가인 알랭 드 보통은 또 이렇게 말했다. "세상 만물이 잠재적으로는 예술의 풍요로운 주제가 될 수 있고, 파스칼의《팡세》에서 얻을 수 있는 귀한 통찰력을 비누 광고에서도 찾을 수 있다." 비결은 바로 몰입이다.

고도의 집중력을 발휘한 몰입은 조화열정의 에너지원이다. 아주 쉽고 누구나 아는 명백한 진리 같지만 한 걸음 물러나 당신이 온전히 집중하는 순간이 얼마나 되는지 생각해보길 바란다. 숲 속에서의 산책이나 달리기, 갓 태어난 아이를 안아든 순간, 의사가 환자를 만날 때 등 집중할 수밖에 없는 상황에서도 우리는 전자기기의 소음과 진동에 끊임없이 방해받는다. 이러한 현대 과학의 발명품은 우리의 집중력을 끊임없이 외부로 전환해 우리가 바쁘다는 착각과 더불어 매 순간에 몰입하고 있다는 착각을 불러일으킨다. 자동반사적으로 우리의 집중력을 앗아가는 것들에 따라 시시각각 반응하게 만든다. 우리의 몸은 현재에 있지만 의식은 다른 곳에 있는 경우가 너무도 많다.

현재에 온전히 머문다는 것은 철학자들이 말하는 심오한 형이상학적 개념이 아니다. 의식을 현재에 집중시키는 행위가 하루하루를, 1년을 어쩌면 평생을 변화시킬 수 있다는 것을 입증하는 과학적 근거가 많다. 네덜란드의 라드바우드대학 연구진에 따르면 '주의 집중의 가장 큰 역할 중 하나는 목표를 명백히 행동으로 이끄는 것'이라고 한다. 즉, 우리가 무엇에 집중하고자 할 때 이 대상에 가치가 부여되고, 이 일을 하는 것이 중요하다는 인식이 생긴다. 그리고 어떤 일이 중요하다는 인식이 생길 때 우리는 그 일을 하게 된다. 역설적이긴 하지만, 중요한 일이 우리의 집중력을 사로잡는 것이 아니라, 우리가 의식적으로 집중하는 일이 중요해지는 것이다. '중요하다'고 생각하는 일을 제쳐두고 하찮은 일에 그토록 오랜 시간을 허비하는 이유가 여기에 있다. 우리의 집중력을 사로잡는 것이 가장 중요해지기 때문이다.

마스터리 정신의 여섯 가지 원칙

마스터리 정신을 지닌 사람은 집중력의 중요성을 잘 알고 있다. 누구나 가끔씩 정신이 분산될 때가 있지만 이들은 자신이 중요히 여기는 일에 집중력을 쏟기 위해 시간과 에너지를 의식적으로 안배해놓는다. 자신의 집중력을 의도적으로 설정해 지금 해야 하는 일이 가장 중요하다는 분명한 메시지를 지속적으로 스스로에게 각인시켜야 주변에 산재한 '집중력 흡혈귀'를 물리칠 능력을 얻을 수있다. 시간이 가장 소중한 자원인 이상 결국 이 시간을 어떻게 쓸것인지를 결정하는 집중력 역시 중요할 수밖에 없다. 열정을 좇을때는 그 순간에 온전히 몰입해야 한다.

마스터리 정신에는 여섯 가지 핵심 원칙이 있다.

1. 내면의 동기를 자극한다

2. 과정에 집중한다

3. 더욱 나아지는 태도를 취한다

4. 장기적 이득을 위해 단기적 실패를 수용한다

5. 인내심을 발휘한다

6. 현재에 집중한다

위의 원칙에 따를 때 강박열정을 멀리하고 조화열정이 함께하는삶을 살 수 있다. 최고의 열정과 함께할 때 삶은 아름답게 변한다.

• 열정을 좇을 때는 완벽히 몰입하기 위해 집중력을 앗아가는 요소들을
없애야 한다.

• 단 하나에만 빠져들기 위해 시간과 공간, 에너지를 따로 마련해둔다.

• 명심하라. 중요한 일에는 집중하지 않게 된다. 당신이 집중하는 일이
중요해진다. 따라서 집중력의 방향을 의도적으로 설정해야 한다.

조화열정을 따르는 삶

앞서 언급했던 철학자이자 작가인 로버트 피어시그는 질Quality(그는 유일한 개념임을 설명하기 위해 대문자 'Q'를 썼다)을 사물의 성질을 의미하는 형용사가 아니라 상태로 정의했다. 질이란 행위자와 행위가 완벽하게 섞여 분리할 수 없을 때, 즉 물아일체의 상태에서 탄생된다고 설명했다. 피어시그의 질은 어떤 대상을 향해 극도의 존중과 집중, 마음을 쏟을 때 생겨나는 교감을 의미한다. 조각가가 대리석과 별개의 존재로 머무는 것이 아니라, 조각을 해나가며 대리석과 하나가 되는 상태. 혹은 운동선수가 자신이 하는 운동에 깊이 빠진 나머지 '플레잉'을 하는 것이 아니라 흐름을 타고 그 스포츠와 하나가 되는 것이다. 혹은 연인끼리 아무 말을 하지 않아도 서로의 속마음을 알아채는 것이다. 피어시그는 이와 같이 질을 내포한 교감이 가능할 때 삶은 비로소 충만해진다고 말했다.

피어시그가 말하는 질을 경험하기 위해선 과거를 회상하거나 미래를 걱정해서도 안 되고, 다른 사람들의 시선을 신경 써서도 안 된다. 그것이 무엇이든 당신이 하는 일에 완벽히 몰입하고 온전히 집중해야 한다. 외부적 결과에 대한 두려움과 집착을 버리고 어떤 일 그 자체를 즐겨 좇을 때 피어시그의 질을 경험할 수 있다. 조화 열정으로 우리는 이 질을 달성할 수 있다.

피어시그의 개념을 언급했던 위대한 사상가들이 많이 있다. 조지 레너드는 어떤 행위 자체를 좇는 행위자와 행위 사이의 공간에는 신이 머물고 있다고 말했다. 에리히 프롬이 말한 특별한 기쁨은 '진정한 나 자신에게 더욱 가까워지는 과정에서 경험하는 것'을 가리킨다. 헬스케어 분야의 혁신을 이끈 선구자 중 한 명인 학자 아베디스 도나베디언은 임종을 앞두고 지금껏 세월을 되돌아봤을 때 질이란 결국 무엇이냐는 질문을 받았다. 그는 이렇게 답했다. "질이란 결국 사랑이다."

조화열정이 깨우는 잠재력

조화열정과 이 열정이 탄생시키는 질은 우리를 굉장히 특별한 경험으로 이끈다. 삶을 한 단계 향상시키는 아주 특별한 경험을 할 수 있다. 예술, 운동, 비즈니스 등 다양한 분야에 걸친 연구를 종합적으로 살펴보면 조화열정이 활력, 정서적 몰입, 학습 능력, 성과, 삶의 만족도과 관련이 있다는 점이 드러났다. 즉, 마스터리 정신을 수용하고 그로 인해 탄생하는 조화열정을 함양할 때 개인의 잠재력이 최대한 발휘되고 인생을 최대한 가치 있게 살 수 있다는 의미이다.

이것으로 끝이 아니다. 마스터리 정신을 바탕으로 조화열정을 발휘한다 해도 무언가에 깊이 자신을 내던지려면 굉장한 대가를 치를 수밖에 없다. 최고 형태의 열정이라 해도, 제아무리 삶과 조화롭게 어울리는 열정이라 해도 열정에 깊이 매진한다면 불균형한 삶을 살게 된다. 따라서 우리는 이러한 질문 앞에 놓이게 된다. 열정적인 동시에 '균형 잡힌' 삶을 살 수는 없을까? 애초에 두 가지를 모두 잡으려는 노력 자체가 의미 없는 것일까?

- 마스터리 정신은 가장 최상의 열정인 조화열정과 특별한 질을 탄생시킨다. 이 질이란, 행위에 완벽히 몰두해 당신과 일이 별개의 존재가 아니라 하나의 상태일 때 도달할 수 있다.

- 조화열정에 흠뻑 빠졌을 때 우리는 그 어느 때보다 살아있음을 느낀다.

- 조화열정으로 높은 활력과 성과, 삶의 만족도를 쟁취하는 등 다양한 이점을 누릴 수 있다.

- 그럼에도 조화열정을 따르는 삶에는 대가가 따른다. 자신의 모든 것을 한 가지 대상에 쏟는다면 그 외 다른 것들은 놓치고 살 수밖에 없다.

6장

균형이라는 환상

MASTERY MINDSET

균형이란 무엇인가

세계적으로 명성을 떨친 동기부여 연설가 짐 론은 무엇보다 균형을 강조했다. 그가 남긴 명언이 적힌 포스터가 전 세계의 교실, 회사, 요가 스튜디오의 벽면을 장식하고 있다. "균형을 잃은 삶은 당신의 건강을 앗아갑니다. 균형을 잃은 삶은 당신의 정신을 해칩니다. 균형을 잃은 삶은 당신의 부와 행복을 앗아갑니다. 그러니 삶의 모든 영역에서 당신에게 동기를 부여해줄 요소를 찾아내세요. 당신의 성공이 달린 일입니다." 론이 강력한 메시지를 전했던 것은 맞지만, 이런 이야기를 했던 사람이 그 하나뿐이었던 것은 결코 아니다. 이와 비슷한 이야기를 담고 있는 자기계발서가 수천 권이 넘는다. 어느 서점에서나 '균형'에 대한 책을 찾을 수 있다. 균형은 자기계발 분야의 핵심 주제이다.

동기부여 강사나 자기계발 전문가만 균형을 강조하는 것이 아니다. 유수의 대학에서도 마찬가지이다. 워싱턴DC에 위치한 조지워싱턴대학에서는 2016년에 '균형의 극대화'라는 강좌에서 아래와 같은 내용을 다뤘다.

- 삶의 균형을 분석하는 주제로 '균형을 성취하기 위해 내적, 외적 문제를 극복하는 법'을 가르쳤다.
- 삶의 균형을 유지하는 주제로는 '균형을 이루고 유지하기 위해 필요한 테크닉'을 가르쳤다.
- 더욱 균형 잡힌 삶을 위한 전략을 주제로 '더욱 균형 있는 삶을 누리기 위해 학생들이 해야 할 것들'을 가르쳤다.

최근에야 균형에 대한 인식이 높아진 것 같지만 사실 균형에 대한 갈망은 오래전부터 있었다. 우리의 집단의식 속에 깊이 자리한 이 개념을 거슬러 올라가면 고대 그리스에서 그 기원을 찾을 수 있다. 기원전 300년에 아리스토텔레스는 제자들에게 중용을 가르쳤다. 비슷한 시기 플라톤은 영혼 삼분설을 들어 우리의 영혼이 세

부분으로 균형을 갖추어 구성되었다고 주장했다. 과거 의학계에서 믿었던 원칙 중 하나는 인간의 몸은 네 종류의 체액(황담즙, 흑담즙, 점액, 혈액)으로 구성되어 있어 건강한 사람은 이 네 가지 체액이 완벽한 균형을 이룬다는 것이었다. 따라서 네 가지 체액 중 하나가 과하거나 부족할 때 질병이 발생한다고 믿었다. 레오나르도 다빈치는 〈비트루비안 맨〉으로 가장 이상적인 인체, 완벽하게 대칭과 균형을 이룬 인체를 표현했다. 인류 역사를 통틀어 분야를 막론하고 우리는 균형을 추구해왔다.

이러한 배경을 봤을 때 오늘날 균형을 강조하는 현상이 새삼스러운 일은 아니다. 균형만 유지한다면 모든 것이 좋아질 거라고 믿고 있다. 하지만 열정은 둘째치고라도 완벽한 균형을 유지하는 사람을 본 적이 있는가? 가장 살아 있음을 느꼈을 때 자기 자신이 균형 잡혀 있다고 느꼈는가? 우리 둘의 경우 그러지 않았다. 사랑에 빠졌을 때, 히말라야를 트래킹할 때, 책을 쓸 때, 속도를 최고로 높여 달리기 훈련을 할 때 등 살아 있음을 강렬하게 느끼는 순간마다 우리는 그 행위에 극도로 매몰되었다. 시간과 에너지를 골고루 분배해 균형을 맞추려고 했다면 이런 극적인 경험을 할 수 없었을 것이다. 이렇게 생각하는 것은 비단 우리만이 아니다.

우리가 직접 코치를 하거나, 조사하고 글을 쓰며 알게 된 운동선수, 예술가, 컴퓨터 프로그래머, 기업인 등 다양한 분야에서 최고의 성과를 내는 사람 대부분이 행복과 충만함을 느낀 순간과 자신의 모든 것을 바쳤던 인생 최고의 순간이 분명 다르다고 밝혔다. 2장에서 나왔던 울트라 인듀어런스 선수인 리치 롤은 우리에게 '삶에서 무언가를 성취하고, 정서적 만족을 얻기 위해서는 자신을 흥분시키는 일을 찾아 모든 것을 걸어야 한다'고 말했다. 메이요클리닉의 혁신적인 연구원 마이클 조이너 박사는 또 이렇게 전했다. "맥시멀리스트가 되기 위해선 미니멀리스트가 되어야 합니다. 정말 최고가 되고 싶다면, 한 가지를 완벽히 마스터하고 그것만 온전히 즐기고자 한다면 다른 일에는 '아니오'라고 말해야 하죠." 세계에서 가장 뛰어난 빅웨이브 서퍼로 꼽히는 닉 램은 서핑에서 최고가 되기 위해 지치지 않고 최선을 다한다고 밝히며 이렇게 설명했다. "만족감을 얻기 위한 가장 좋은 방법은 자신의 모든 것을 바치는 겁니다."

열정과 균형은 상반된 개념이다

크로스 컨트리 선수 스티브가 1마일(1.6킬로미터-옮긴이)에 4분을 조금 넘기는 기록을 세우며 달리기 신동으로 주목받기 전, 그의 고등학교 코치 제럴드 스튜어트는 시즌을 앞두고 아이들을 불러 펩토크pep talk(스포츠 감독 및 코치가 선수들을 격려하고 사기를 높이는 말-옮긴이)를 나누었다. 그때까지만 해도 클레인오크고등학교 크로스컨트리 팀은 누구도 견제하지 않는 팀이었다. 20년이라는 짧은 역사 동안 단 한 번도 주 선수권 대회의 출전 자격을 얻지 못했다. 비쩍 마르고 인기 없는 남학생 열두 명이 전부인 팀이었다. 그러나 3년 후 이 팀은 텍사스 주뿐 아니라 미국에서 가장 훌륭한 러닝 프로그램을 보유한 학교 중 하나로 명성을 얻었다. 극적인 변화가 일어난 까닭은 스튜어트 코치의 잊지 못할 펩토크와 더불어 열두 명의 소년들에게 행동의 변화를 이끌어낸 그의 능력 덕분이었다.

스튜어트 코치는 이렇게 말했다. "애들아, 너희에겐 선택권이 있단다. 최고가 되기 위해 노력하는 것과 현재의 자리에 만족하는 것, 이렇게 두 가지의 선택이 있지. 네 친구들은 보통 후자를 택해 평범함에 이르는 길을 갈 것이고, 어떤 친구들은 너희의 의욕을 꺾고 평범한 고등학생들이 무릇 그렇듯 목적 없이 시간을 낭비하며 즐기라고 할 거야. 우등생 모임, 토론 클럽, 학생회, 인턴십 등 다양한 경력으로 자기소개서를 장식하는 다재다능한 친구들도 있겠지. 그러나 이 아이들은 최고가 될 수 없을 거다. 나는 사람이 동시에 할 수 있는 일은 두 가지뿐이라고 생각한다. 그 이상을 욕심내면 힘들어질 거야. 이 팀에 들어와 최고가 되겠다고 결심했다면 너희는 이미 선택을 한 것이나 다름없다. 너희가 좇아야 할 두 가지는 달리기와 학교생활이다." 스튜어트 코치는 제대로 된 기반 하나 갖추어지지 않았던 러닝 프로그램을 최고로 만들기 위해선 우선 선수들의 마음에 뜨거운 열정을 불러일으켜야 한다고 믿었다. 또한 열정과 균형이 공존하는 게 불가능하지는 않지만 무척 어렵다는 것도 알고 있었다.

균형이 없는 열정의 문제

균형은 고른 분배를 의미한다. 삶의 모든 요소를 똑같은 힘으로 저글링 해야 한다는 뜻이다. 자신이 하는 모든 일에 똑같이 동시에 몰입해야 한다. 최고의 남편, 최고의 아빠, 최고의 직원, 최고의 학생, 최고의 운동선수 등등 수많은 역할을 함께 해내야 함을 뜻한다. 하지만 이것은 환상에 불과하다. 열정적인 사람의 삶을 아주 잠깐만 들여다봐도 와르르 깨질 환상 말이다. 열정에 휩싸인 사람은 균형과 거리가 먼 삶을 살 수밖에 없다. 자신이 맹렬히 추구하는 단 하나의 대상에 완벽히 사로잡혀 모든 에너지를 소모하기 때문이다. 무언가에 최선을 다해본 경험이 있는 사람, 최고가 되기 위해 모든 것을 내걸었던 사람에게 물어본다면 열정 외에는 모든 것을 잊고 살았다는 이야기를 듣게 될 것이다. 열정은 파괴적이다. 조화열정이라 해도, 점진적으로 성장시켜온 열정이라 해도 균형에서 멀어진 삶을 살게 된다. 열정이란 단어의 본래 뜻처럼 열정과 함께하는 삶은 투쟁에 가깝다. 역사상 가장 성공한 투자자 가운데 한 명인 워런 버핏을 생각해보자. 750억 달러의 순자산을 보유한 인물임에도 그는 비교적 (평생을 한결같이) 평범한 삶을 살고 있다. 중형급 세단을 모는 그는 10년에 한 번씩 차를 교체하고, 아침 식사 메

뉴로는 맥도널드를 택할 때가 많다. 원한다면 세계 어느 곳에서든 살 수 있는 그는 약 88년 전 자신이 태어난 곳인 네브래스카 주의 작은 마을, 오마하에서 살고 있다. 젊었을 때도 버핏은 상류 사회 모임에 참석하는 대신 세상의 이목에서 벗어나 탐욕스럽게 독서에 빠지거나 연구에 몰두했다. 투자의 세계에서는 왕이나 다름없는 그가 부와 함께 따라오는 명성에 그다지 관심이 없었다는 점이 아이러니해 보이기도 한다. 버핏은 기본적으로 치열한 경쟁에 별 관심이 없었다. 그의 동기는 다른 데 있었다. 순전히 최고의 투자자가 되고 싶다는 바람이었다. 버핏은 투자 그 자체를 즐겼다. 마스터리 정신을 지니고 있었던 것이다. 그 결과 그는 마스터가 되었다.

그러나 버핏의 삶은 균형과 거리가 멀었다. 어렸을 때부터 그는 투자에 푹 빠져들었다. 초등학교 때 아이들이 관심을 갖는 스포츠나, 이성, 놀이 대신 집을 돌아다니며 풍선껌, 코카콜라, 주간지 등을 판매했다. 이 사업이 조금씩 성장하자 투자와 사업 방식을 좀 더 체계적으로 키워 세차, 골프공과 우표 판매, 심지어 핀볼 머신을 구매해 이발소에 대여하는 일도 했다. 그의 고등학교 졸업 사진 아래에는 짧은 글이 적혀 있다. "수학을 좋아함. 미래의 증권중개인".

시간이 흐를수록 투자에 대한 그의 열정은 더욱 커져만 갔다. 유명세를 얻거나 호화로운 생활을 하고 싶다는 이유가 아니었다. 오히려 그의 철칙은 검소함이었다. 버핏이 투자에 점차 빠져들었던 것은 그저 부를 축적하는 과정에서 마주하는 도전을 즐겼기 때문이었다. 그는 투자전략을 구상하거나, 잠재적 투자 가치를 분석하거나 자신이 매입한 기업이 성장하는 방안을 떠올리는 것만 파고들었다. 가정을 이루고 아이를 셋이나 두었지만 온전히 가족과 함께 시간을 보내기는 어려웠다. 고인이 된 그의 아내 수잔은 이렇게 말했다. "워런과 물리적으로 함께 있다고 해서 정말 함께 있다고 생각해선 안 되죠."

그의 다큐멘터리, 〈워런 버핏이 된다는 것〉에서 아들 하워드는 '아버지는 기본적으로 교감 모드가 없는 사람'이라 아버지와 정서적인 교류를 나누기 어려웠다고 밝혔고, 딸인 수지는 '아버지의 머릿속에는 늘 엄청난 생각이 가득 차 있어서 길게 대화를 나누지 못했다고 한다. 다큐멘터리에 담긴 버핏의 사생활을 보면 가정적이고 따뜻한 남편이자 아버지가 되기 위해 노력했다는 것을 알 수 있다. 그럼에도 그가 과거에도 지금도 투자에 깊이 빠져 있다는 것 또한 분명히 드러난다. 그가 노력했음에도 투자를 향한 열정을 멈출 수 없었다. 조화열정이었음에도 나름의 대가를 치러야 했다. 버핏의 경우 그 대가란 집중력을 온전히 빼앗기는 것이었다. 〈뉴요

커〉의 칼럼니스트인 제임스 서로위키의 말처럼 '버핏은 타고나길 투자에 탁월한 사람이다. 그러나 좋은 삶을 위해서는 최선의 노력을 해야 했다.'

버핏과 유사한 삶을 살았던 대단히 열정적인 인물 대부분은 지금까지도 영웅으로 추앙받고 있다. 역사상 가장 위대한 위인으로 꼽히는 알렉산더 해밀턴과 모한다스 간디도 마찬가지이다. 두 인물 모두 에고가 아닌 내적 동기에서 비롯된 열정을, 한 인간을 넘어선 확고한 신념에서 피어난 조화열정을 갖고 있었다. 그러나 두 사람은 일반적으로 보기에 문제가 많은 삶을 살았다. 해밀턴은 미국 정부의 기틀을 마련하는 데 지대한 영향을 미친 인물이지만 도덕적인 사람은 아니었다. 간디는 인도의 독립을 이끌고 전 세계적으로 비폭력을 통한 시민권 운동의 바람을 일으키며 산스크리트어로 '성인'이란 뜻의 마하트마뿐 아니라, 힌디어로 '아버지'란 뜻의 바푸라는 칭호도 얻었다. 이렇듯 간디는 인도의 아버지로 추앙받았지만 아들에게는 정작 아버지 역할을 하지 못했으니 굉장한 역설이 아닐 수 없다. 간디는 아들과의 관계를 끝내 회복하지 못하고 절연당했다.

해밀턴과 간디의 가족에 문제가 많았던 이유를 정확히 알 수는 없다. 다만 시민권에 대한 열정에 모든 것을 쏟아부은 나머지 다른 것에는 마음을 쓸 수 없었을 거라고 추측할 뿐이다. 위의 두 인물은 극단적인 사례이긴 하지만 우리의 시간과 집중력, 에너지가 한정되어 있다는 기본적인 사실을 일깨워준다. 한 가지 일에 대한 열정이 커질수록 그것 이외의 것에 우리 자신을 할애하기가 어려워진다. '좋다' 혹은 '나쁘다'로 판단할 수 있는 문제가 아니다. 그저 그렇게 될 수밖에 없다는 말을 하고자 하는 것이다. 해밀턴이나 간디가 본인의 신념에 더욱 열정적으로 헌신하지 않았길 바라는 사람은 아마 없을 것이다. 두 사람이 생산적인 열정을 바탕으로 의미 있는 삶을 살았다는 것을 부정할 수 없다. 그러나 두 사람이 균형 잡힌 삶을 살지 못했다는 것은 분명해 보인다.

버핏과 간디, 해밀턴만이 아니다. 균형 잡힌 생활을 유지했던 올림픽 선수가 있었는지 생각해보길 바란다. 외상외과 의사나 큰 상을 수상한 위대한 소설가, 첫사랑에 빠진 10대, 첫 아이를 낳은 부모도 마찬가지이다. 이들 모두 굉장히 힘든 시기를 맞닥뜨리게 된다. 열정적이면서도 균형 잡힌 삶을 동시에 누리는 것이 물리적으로 어렵다. 생물학적 그리고 심리적으로 열정은 균형과 반대선상에 놓여 있다. 앞서 열정과 중독이 밀접한 관계가 있다는 이야기를 했었다. 열정은 생산적이고 중독은 파괴적이라 여기지만 사실 이 둘의 근본적인 동기는 같고, 이 둘 모두 시간이 지날수록 더욱 강럴하게 우리의 마음을 사로잡는다. 열정을 따르는 삶은 당연히 균형을 잃은 삶일 수밖에 없다.

수천 년 전 아리스토텔레스는 세월이 흘러도 변치 않을 삶의 진리를 하나 깨달았다. 그는《니코마코스 윤리학》에 이렇게 적었다. "플루트 연주를 좋아하는 사람은 플루트 소리가 들려올 때 논쟁에 참여하는 것이 불가능하다. 눈앞에서 벌어지는 일보다 플루트에 더욱 마음이 가기 때문이다. 플루트에서 느끼는 즐거움은 논쟁과 관련한 행위를 가로막는다. 어떤 일이든 두 가지 일을 동시에 하려고 할 때 유사한 상황이 벌어진다 … 우리가 한 가지를 깊이 좋아할 때 이것 외에 다른 일에는 매진하지 못하는 이유가 여기에 있다."

문제는 열정을 좇을 때 많은 것을 희생해야 한다는 것이 아니라, 열정적인 경험에서 오는 관성의 힘으로 인해 자신이 무엇을 희생하는지도 미처 깨닫지 못하고 앞으로 나아가기만 하는 것이다. 가령, 친구 및 가족과 함께하는 시간, 취미 활동, 혹은 가장 좋아하는 TV프로그램의 최신편을 보며 느끼는 사소한 즐거움 등이 희생되는 것을 깨닫지 못하는 것 말이다.

열정의 관성을 깨고, 당신의 삶에 진정으로 중요한 것을 깨닫는 방법이 있다. 하지만 이 방법에 대해 논하기 전에 우선 열정적이기만 한 삶을 살 때 예고도 없이 찾아오는 또 다른 위험, 번아웃에 대해 살펴볼 예정이다.

올인 하면서도
번아웃을 피하는 법

열정을 추구하고 '올인' 하는 것을 일에만 매달리는 것과 동일시하는 사람들이 많다. 그러나 오랜 시간 일에만 매달린다면 지속가능한 성공을 쟁취할 수 없다. 번아웃만 경험하게 될 것이다. 꾸준히 장기간 발전하고 싶다면 휴식을 취해야 한다. 어떤 목표를 향해 열심히 달리기만 한다면 성장을 가져오지 못한다. 스트레스와 휴식이 병행될 때만 성장이 가능해진다. 우리의 전작에서 가장 힘주어 말했던 것처럼 '스트레스+휴식=성장'이다.

내적 동기요인이 장기적 성과를 불러오고 번아웃을 막는다는 것은 널리 알려진 사실이다. 앞에서 언급했듯이 경기장이든, 회사에서든 내적 동기가 클수록, 자신이 하는 일 그 자체를 목표로 삼을 수록, 즉 어떤 일을 해서 얻게 될 외적 보상이나 인정 때문이 아니라 자신이 그저 그 일을 즐기고 좋아할 때 더욱 그 일을 잘하게 된다. 그렇다고 해서 내적 동기가 당신을 완전히 보호해준다는 것은 아니다. 자신의 일을 사랑한다고 해서, 어쩌면 자신의 일을 사랑하기 때문에 적절한 휴식이나 회복 없이 밀어붙이기만 한다면 반드시 침체기를 맞게 될 것이다.

우리 두 사람이 코칭 생활을 하면서 가장 좋은 점은 내재적 동기가 높은 사람들과 함께한다는 것이다. 우리가 나서서 이끌어줘야 하는 일이 거의 없다. 이들을 멈추게 해야 한다. 우리가 제동을 걸지 않는다면 우리가 코치하는 운동선수, 기업의 중역, 기업인들은 자기 자신을 혹사시키기 때문이다. 내재적 동기에도 불구하고가 아니라 내재적 동기 때문에 말이다. 자신이 하는 일에 깊이 몰입해 있고 더욱 나은 성과를 향한 갈망이 있다면 계속 몰아붙이게 된다. 올바른 내적 이유에서 비롯되었다 해도 계속 자신을 몰아붙인다면 안타깝게도 결국 몸과 마음이 극심한 피로에 시달리고, 몸과 마음이 지치면 모든 것에 무감각해진다. 심한 경우 우울증에 빠진다. 가장 위험한 것은 이런 일들이 당신도 모르는 새 서서히 벌어진다는 것이다.

잠이 매우 중요하다는 것은 이미 알고 있을 것이다. 자신의 일을 정말 사랑하고 잘하고 싶다면 수면 시간을 희생시키는 것만큼은 반드시 피해야 한다. 2000년대 초 하버드대학에서는 사람이 잠을 자는 동안 정보를 정리하고 통합하며 저장하고 연결한다는 놀라운 연구 결과를 발표했다. 즉, 우리의 두뇌는 일을 할 때가 아니라 휴식을 취할 때 성장하고 발전한다는 의미이다.

그럼에도 일에 대한 애정이 높은 만큼 손에서 일을 놓는다는 것이 굉장히 힘들게 느껴질 수 있다. 어니스트 헤밍웨이는 글을 쓰는 것만큼이나 억지로 휴식을 취하고 '다음 날까지 기다려야 하는 것', 그것이 가장 힘든 일이라고 밝혔다. 스티븐 킹은 자서전인《유혹하는 글쓰기》에서 '내게는 일을 하지 않는 것이 진짜 일이다'라고 적었다.

스티븐 킹의 말 속에 주옥 같은 지혜가 담겨 있다. 일을 하지 않는 것도 일의 일부분이라 여길 때 일을 멈출 수 있다. 세계 최고의 그리고 오래도록 활동하는 음악가, 운동선수, 예술가, 지식인, 경영인, 기업인이 모두 경험했던 것이다. 이들은 휴식을 업무의 중요한 일부라고 여겼다. 이들 모두 휴식을 수동적인 행위(아무것도 하지 않고 시간만 낭비하는 등)로 보지 않고, 능동적인 행위(두뇌가 성장하고 운동선수의 경우 몸이 회복하는)로 여겼기 때문에 휴식을 더욱 중요하게 여겼다. 이런 관점에서 보면 휴식은 일과 반대되는 개념이 아니라 일에 필수적인 한 부분이다. 올인을 한다는 것은 휴식을 취하지 않는다는 의미가 아니다. '스트레스+휴식=성장'이라는 것을 명심하길 바란다. 무슨 일을 하든 정기적으로 휴식과 회복을 취할 시간을 만들어야 한다.

자기지각의 힘

번아웃에 빠지는 것도 위험하지만, 어떤 일과 자신의 정체성을 동일시할 때 생기는 또 다른 위험은 더이상 그 일을 할 수 없을 때 벌어지는 상황이다. 운동선수 및 자신의 일에 굉장한 의욕을 갖고 있는 사람이 퇴직을 해야 할 때, 우울증 및 정신 건강 문제로 고통받는다는 것은 그리 놀라운 일이 아니다. 많은 것을 쏟아부을수록 빠져나오기가 힘들다. 그러나 균형은 제대로 된 해결책이 되지 못한다. 삶의 균형을 유지하려고 노력하는 것보다 자기지각이 더 중요하다. 자신의 핵심 가치, 감정, 열정, 행동 그리고 타인에게 끼치는 영향력을 객관적으로 평가하고 관찰하는 능력을 기르는 것을 말한다. 자기 자신을 정확히 알고 꾸준하게 살피는 것('자기 자신'란 시간의 흐름에 따라 변하기 마련이니), 그리하여 성찰을 바탕으로 삶을 사는 것이 중요하다.

정확한 자기지각을 갖고 있는 사람은 열정에 완전히 몰두했을 때 느끼는 격렬한 행복과는 별개로 열정이 지속될 때 장기적으로 어떤 결과가 발생할지 객관적으로 판단할 줄 안다. 올림픽 선수가 가정을 돌보기 위해 은퇴를 하고, 예술가가 작업실을 벗어나 외부에서 활동하는 시간이 있어야 작업실 안에서 좋은 작품을 만들 수 있다는 것을 깨닫고 변호사가 가족이 함께 하는 저녁 시간이나 아이들의 운동 경기는 반드시 참석하겠다는 원칙을 세우는 것과 같은 것이다. 이러한 자기지각은 쉽게 얻을 수 없다. 역설적이게도 자기지각을 위해선 정신적으로 '자기 자신'에서 벗어나야 한다. 심리학에서 자기 거리두기self-distancing이라고 말하는 개념으로, 친구에게 조언을 한다고 생각하면서 자신의 문제를 들여다보거나, 3인칭으로 일기를 쓰는 것(자신이 쓴 글을 다시 읽어본 후 어떤 감정이 드는지 분석하고), 명상하고, 자신의 죽음에 대해 생각하는 등의 행위가 여기에 속한다.

자기지각을 통해 불균형하고도 열정적인 삶으로 인해 무엇이 희생되고 있는지 진솔하게 되돌아볼 수 있다. 또한 휴식과 회복을 위한 시간을 따로 할애해 번아웃에 빠지지 않고, 자신의 시간과 에너지를 어떻게 소모할 것인지 의식적으로 선택할 수 있어 자신이 했던 일이나 하지 못했던 일을 후회하는 일도 줄일 수 있다. 뿐만 아니라 자기지각을 통해 우리의 정체성이 어떤 대상에 지나치게 매몰되어 있다는 것을 자각할 수 있고, 책을 쓰거나 갓 태어난 아이와 처음으로 몇 개월을 보내거나 올림픽 대표팀에 들기 위해 노력하는 등 몇몇 특정 순간에 삶의 불균형이 더욱 심해져도 이 시기만 끝나면 괜찮을 거라는 것 또한 자기지각으로 깨달을 수 있다. 어떤 사람들의 경우 하루를, 일주일을 어쩌면 1년을 두고 볼 때는 상당히 불균형하게 사는 것같이 보이기도 한다. 그러나 한 발짝 물러나 이들의 삶을 전체적으로 조망한다면 상당히 균형 잡히고 온전한 삶을 살고 있다. 이러한 균형이 바로 우리가 쟁취하기 위해 노력해야 할 유형이다.

균형보다 중요한 것

서른일곱 살의 마라톤 선수, 셜레인 플래너건은 미국 여성 선수로서는 40년 만에 처음으로 마라톤 대회에서 우승했다. 플래너건은 달리기에 대한 열정이 대단한 선수이다. 강도 높은 훈련을 할 때는 일주일에 평균 120마일(약 193km-옮긴이)을 달린다. 그녀는 균형 잡힌 삶을 살 수 없다는 것을 누구보다 잘 알고 있고 그런 삶을 바라지도 않는다. "얼마간은 한 가지 일에 극단적으로 올인한 뒤 다른 일에 또 빠져드는 식이에요." 얼마 전 〈아웃사이드〉 매거진 인터뷰 자리에서 브래드에게 한 말이다. "달리기에 올인한 뒤 휴식기간에는 가족과 함께하거나 제가 좋아하는 일에 올인하는 거죠. 한번에 모든 것을 잘하는 것은 육체적으로도 정신적으로도 너무 힘든 일이거든요."

또한 플래너건은 달리기 선수라는 커리어를 평생 유지할 수 없다는 것도 잘 알고 있다. 그녀 자신이 혹은 그녀의 몸이 이제는 열정을 다른 방향으로 전환해야 한다는 신호를 보낼 순간이 올 것이다. 꽉 짜인 달리기 스케줄 속에서도 그녀는 요리와 글쓰기 등의 취미를 완전히 놓아버리지 않았다. 러닝 커뮤니티에서도 중요한 인물인 만큼 훗날 멘토링이나 코칭 분야로 나가게 될 가능성도 높다. "달리기에서 제 한계를 시험하고 제 능력을 마음껏 발휘해보고 싶어요. 제 안에는 아직 특별한 능력이 있는 것 같아요. 하지만 그만둬야 할 때가 오면 그렇게 할 거에요." 그녀는 이렇게 말했다. 플래너건에게는 결코 쉬운 결정이 아니겠지만, 언젠가 그때가 올 것이고 결국에는 선택을 내려야 한다는 것을 이미 잘 알고 있다. 그렇다고 해서 과도기를 넘어서는 과정이 쉽지는 않겠지만, 그녀가 지독한 혼란에 빠질 일은 없을 것이다.

셜레인 플래너건과 같이 자기지각을 하는 사람은 무언가에 올인하는 것에 대한 중요성을 알고 있을 뿐 아니라 필요할 때 유연하게 전환할 능력도 갖추고 있다. 분명한 내적 자기지각을 갖고 있는 경우 현명한 결정을 하고, 대인 관계가 원활하며, 창의적이고 만족감이 높은 커리어에 종사하고 있다는 것이 여러 연구 발표를 통해 밝혀졌다. 또 다른 연구에서는 내적 자기지각이 개인의 정신 건강과 행복 향상에 연관이 깊다는 결과를 내놨다.

이 모든 이야기를 종합해봤을 때 한 가지 흥미로운 결론에 이른다. 어쩌면 훌륭한 삶이란 환상과도 같은 균형을 달성하는 것이 아닐지도 모른다. 더욱 깊이 그리고 조화롭게 열정을 좇되 자기지각을 통해 자신의 열정을 결과로 판단하지 않고, 필요할 때 변화할 줄 아는 능력을 갖춰야 좋은 삶을 살 수 있다. 열정을 따르는 삶에서는 균형이 중요하지 않다. 최고의 열정인 조화열정과 더불어 분명한 자기지각이 함께하는 것이 중요하다. 조화열정과 자기지각만

갖춘다면 균형은 아무런 의미가 없다.

열정의 법칙 _

- 열정적이면서도 '균형 잡힌' 삶을 사는 것은 불가능하다.
- 불균형한 삶에서 오는 장점이 많다. 당신의 삶에서 가장 살아 있었다고 느꼈던 때를 떠올려보라. 그때 당신의 삶은 균형을 이루었는가?
- 불균형한 삶도 아무런 문제가 없다. 다만 열정의 관성으로 당신이 무엇을 포기하고 사는지조차 깨닫지 못하고 그저 앞으로 나아가는 것만은 주의해야 한다.
- 균형을 성취하기 애쓰지 마라. 우리가 성취해야 할 것은, 삶에서 열정으로 인해 무엇이 희생되고 있는지 깨닫게 해줄 자기지각이다.

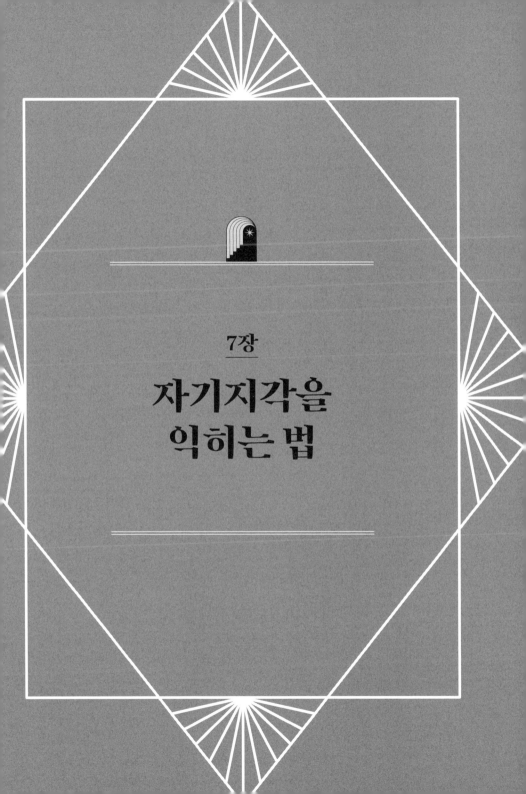

7장

자기지각을
익히는 법

MASTERY MINDSET

정서적 고통을 받아들여야 하는가

시리 린들리는 2000년부터 2002년까지 철인 3종 경기를 제패한 인물이다. 이 2년 동안 그녀는 국제 트라이애슬론 연맹 월드컵 대회 시리즈와 세계 챔피언십을 포함해 13개의 대회에서 우승한 놀라운 기록을 세웠다. 이처럼 수영과 사이클, 마라톤 능력을 모두 갖춘 여성은 전 세계를 통틀어 린들리가 유일하다고 볼 수 있다. 그러나 린들리가 하루아침에 두각을 나타내고 유명세를 얻은 것은 아니었다. 몇 년 동안 뜨거운 열정으로 단 하나에만 집중한 결과였다.

매사추세츠 주 우스터에 살던 그녀는 1993년 YMCA에서 고객 관리책임자로 첫 직장을 다니던 스물네 살 때 철인 3종 스포츠를 처음 접했다. 당시만 해도 널리 알려지지 않았던 철인 3종에 푹 빠져 있던 친구들을 YMCA에서 사귀게 되면서였다. 새로운 스포츠에 관심이 생겼던 그녀는 친구들이 주변 지역에서 열리는 경기에 참여하자 응원하기 위해 함께 참석했다. 그녀는 이내 철인 3종과 도전 정신에 푹 빠져버렸다. 세 가지 종목을 완수할 능력은 물론 이를 연속적으로 이어서 수행할 지구력이 필요한 운동이었다. 린들리는 친구들에 대한 존경심에 휩싸인 채 경기를 지켜보며 나도 할 수 있을 것 같다는 생각이 들었다고 밝혔다. 철인 3종 경기를 지켜보며 의욕에 휩싸이는 수많은 사람들처럼 린들리도 트레이닝을 시작했다.

린들리는 할 수 있다는 긍정적인 태도 외에도 과거와 현재의 정서적 고통을 훈련의 원동력으로 활용했다. 어린 시절 부모가 이혼한 후 생부와의 관계는 나빠졌고, 계부와도 문제가 많았다. 이런 아픔에 더해 그녀에게 또 다른 불안이 하나 더 있었다. 그녀는 철인 3종에 빠져들 당시 자신이 남성보다 여성에게 더욱 호감을 느끼는 성향이라는 것을 분명히 깨닫게 된 것이다. 억지로 많은 남성을 만나고 노력도 했지만 그녀가 어찌할 수 없는 문제였다. 13년 전이었으니 LGBT 커뮤니티가 지금보다 훨씬 부당한 대우를 받았던 시기였다. 심리학적으로 바라보자면, 그녀는 치열한 열정을 성립시키는 심리적 요소를 모두 갖추고 있었다.

일반적인 스포츠의 경우 과도한 훈련이 필연적으로 특정 신체 부분의 부상으로 이어지는 경우가 많은 반면, 다양한 운동을 병행하는 철인 3종은 매일 장시간 무리하게 훈련을 해도 비교적 부상의 위험이 적은 편이다. 장시간 동안 무리하게 훈련하는 것이 린들리 방식이었다. 처음에는 첫 종목인 수영을 제대로 마치지도 못했고 이어지는 다른 종목도 말 그대로 고군분투 했을 정도였지만 부족한 재능을 채우기 위해 지치지 않는 끈기로 두 배의 노력을 가했다.

1995년부터 2002년 사이 린들리의 삶은 오로지 철인 3종으로 가득했다. 수영, 사이클, 마라톤을 하거나 그도 아닐 때는 수영, 사이클, 마라톤 후 몸을 회복하는 것으로 시간을 보냈다. 먹는 것부터(깐깐할 정도로 건강한 식단을 지켰다) 주거지(처음에는 철인 3종의 메카인 콜로라도 주의 볼더에서 머물다 이후 유럽 곳곳의 트레이닝 캠프로 옮겨 다녔다)까지 철인 3종을 최우선으로 두고 모든 것을 결정했다. 그녀는 고독한 수도승과 같은 삶을 택했다. 단체 훈련이나 대회에서 만난 선수들이 대인 관계의 전부였다. 일상은 훈련하고, 먹고, 자고의 반복이었고 오로지 철인 3종에만 올인했다. 결코 균형적인 삶이 아니었다.

하지만 철인 3종에 대한 것은 열정이 뜨거운 만큼 역시 조화롭기도 했다. 그녀는 마스터리 정신으로 스포츠를 대했다. 그동안 올림픽 선발전에서 패닉 상태에 빠져 기회를 놓치는 등의 시련과 세계 챔피언십 제패처럼 굉장한 성공의 순간을 경험했다. 어떤 순간에도 그녀는 내면의 동기와 철인 3종을 향한 깊은 사랑을 잃지 않았다. 그녀는 과정에 집중했고, '장기적 성공을 위해 실패를 수용하는' 태도를 유지했으며, 다른 무엇보다 자기 자신을 넘어서고 스스로 더욱 나아지는 것에서 일류가 되고자 했다. 다른 누구보다도 마스터리 정신과 조화열정을 발휘하던 사람이었기 때문에 2002년 말, 최고의 주가를 달리며 전성기를 기록하던 때 갑자기 철인 3종을 떠나기로 결심한 것이 더욱 놀랍게 다가온다. 그녀는 모든 것을 그만두었다. 이보다 더욱 이해하기 어려운 것은 그녀가 자신의 선택에 그다지 힘들어하지 않았다는 점이다.

자서전 《부상Surfacing》에서 그녀는 이렇게 적었다. "두려움을 몰아낸 자리에 할 수 있다는 믿음을 채워 넣으며 철인 3종에서 굉장한 업적을 달성했지만, 이제는 철인 3종에서 내 가치를 찾지 않아도 된다는 생각이 들었다." 철인 3종이라는 스포츠를 순수하게 사랑했던 만큼 린들리는 자신의 열정이 조화롭지 않다는 것(자신의 가치를 운동에서 찾으려고 했다는 것)을 깨달았고, 경쟁이라는 부담감을 내려놓을 때가 되었다는 것을 자각했다. 그녀는 자신의 에너지와 열정을 다른 곳에 헌신할 준비가 되어 있었다. 처음 그녀가 철인 3종에 입성했던 이유는 말 그대로 '자기 자신'에게 도망치기 위한 것이었지만 이 운동을 통해 그녀는 진정한 자신의 모습을 솔직하게 표현할 자신감을 얻었다. 철인 3종을 떠날 수 있었던 가장 큰 이유에 대해 그녀는 이렇게 말했다. "한 인간으로서 제 자신을 받아들이게 되었어요."

철인 3종을 떠나며 그녀가 보여주었던 품위와 사려 깊은 모습은 그녀가 달성했던 그 어떤 수상이나 기록보다도 깊은 인상을 남겼다. 나이나 부상 때문에 어쩔 수 없이 은퇴했던 것이 아니었다. 오히려 그녀의 코치였던 브렛 서턴은 2004년 올림픽 금메달을 위해 다시 돌아오라고 간곡히 사정하기까지 했다. 4년 후인 2008년 코치는 같은 이유로 또 한 번 그녀에게 복귀를 요청했다. 린들리에게는 철인 3종 경기에서 보여줄 것 여전히 많았다. 그러나 그녀는 다른 분야에서도 자신이 할 수 있는 것이 많다는 것을 깨달았다. 스스로 준비되었다고 느꼈기 때문에 운동을 그만둔 것이었다. 철인 3종을 향한 그녀의 열정은 대체로 조화로웠고, 몇 년은 충분히 활약할 수 있는 실력이었지만 자신이 운동에 너무 많은 것을 희생한다고 느꼈다. 운동을 그만두기로 한 그녀의 선택은 '좋거나' '나쁘다'의 문제가 아니었다. 시간에 따라 변화하는 개인의 선택일 뿐이다. 무엇보다 중요한 것은 은퇴가 그녀의 의도적인 선택이었고, 열정에 심취해 별다른 생각 없이 삶을 살았던 것이 아니라는 점이다. 린들리가 자신의 의도에 따라 선택을 할 수 있었던 까닭은 심오한 자기지각이 가능했던 덕분이었다.

자기지각, 열정에 맞서는 유일한 상대

자기지각은 열정의 관성이라는 강력한 힘에 맞설 만한 유일한 상대라고 할 수 있다. 자기지각이 가능할 때 자신의 열정을 객관적으로 평가할 수 있고, 20년 후에 뒤를 돌아보며 자신의 삶을 후회하는 일이 없어진다. 작가인 랄프 엘리슨은 '내가 누구인지 깨달을 때 비로소 자유로워질 것이다'라고 했다. 최근 한 연구를 통해 엘리슨의 말이 옳다는 것이 드러났다. 우리가 열정에 빠져 있을 때 두뇌 속 노력을 담당하는 부분(선조체)과 노력을 조절하는 부분(전전두엽 피질) 사이의 소통에 장애가 생긴다고 연구진은 밝혔다. 두 부분의 연결성을 회복해 열정을 향한 질주를 통제하기 위해선 깊이 있는 자기 성찰과 그 성찰을 통한 자기지각이 유일한 방법으로 알려져 있다. 자기지각을 통해 정직하고도 객관적으로 자신의 열정을 평가하고 필요한 경우 경로를 전환하거나 열정에 제동을 거는 것이 가능해진다.

냉철한 자기지각이 곧 린들리처럼 열정의 대상에서 벗어나는 것으로 귀결되는 것은 아니다. 훌륭한 과학자, 의사, 예술가, 운동선수, 기업인 등 인류를 앞으로 나아가게 일조하는 사람들 가운데 자기 자신의 모습을 정확하게 인식하고 있지만 그럼에도 본인의 인생을 계속해서 열정에 헌신하는 사람들도 많다. 자기지각은 우리가 열정을 어떻게 좇고 있는지 평가하고 재고하게 만드는 힘이 있다. 자기지각은 우리가 열정에서 벗어나야 하는지, 그렇다면 언제 열정을 그만두어야 하는지 혹은 열정에 더욱 깊이 빠져들어야 하는지, 그때가 언제인지 등을 우리가 직접 선택할 수 있도록 기회를 마련해주고, 후자의 경우 더욱 큰 열정과 의욕을 갖고 앞으로 달려나가게 해준다. 열정은 균형을 앗아가지만 그렇다고 해서 삶에 대한 통제력까지 앗아가는 것은 아니다. 자기지각을 통해 우리는 통제력을 지켜낼 수 있다.

자기 자신을 안다는 것

자기지각은 자신의 신념, 가치, 감정, 행동을 정확하게 분석하고 그것들이 어떤 상황에서 어떻게 발현되는지 아는 것이다. 자기지각을 통해 우리는 강렬한 감정에 판단력을 잃지 않고, 이성적이고 분명하게 상황을 파악하며 자신의 역할을 인지할 수 있다. 신경 화학 물질의 변화에 따른 기복이 아니라 핵심 가치와 신념을 바탕으로 무엇이 중요한지 가려내어 선택할 수 있게 해준다. 어떤 의미로는 자신의 운명을 통제하는 능력을 얻는 것과 같다고 볼 수 있다. 자동반사적으로 반응하거나 순간에 휩쓸려 충동적으로 행동하는 일이 사라지기 때문이다.

'자신'에 대해서는 스스로가 제일 잘 알 거라고 생각할 것이다. 태어난 순간부터 내면에 스치는 모든 생각을 살펴왔던 유일한 목격자이기도 하니까. 하지만 미주리 주 세인트루이스에 위치한 워싱턴대학의 연구에 따르면 자기 자신에 대해 알고 있는 것보다 친구나 어떤 상황에서는 심지어 이방인이 나를 더욱 잘 파악하고 있다고 한다. 한 실험에서는 참가자를 대상으로 불안 정도, 지적 능력, 사교성 등 성격 유형과 기질을 검사하는 공인된 심리 검사를 진행했다. 이후 참가자들은 앞서 진행한 심리 검사와 같은 항목에 대해 직접 자기 자신이 평가했다. 연구진은 여기에서 멈추지 않았다. 이들은 개인이 얼마나 객관화된 시각으로 자기 자신을 평가하고 있는지뿐 아니라 친구 혹은 처음 만난 낯선 사람의 눈이 과연 얼마나 정확한지 알아보고자 했다. 그 결과, 공인된 심리 검사와 비교해 봤을 때 평균적으로 스스로 본인을 평가한 것보다 친구의 평가가 훨씬 정확한 것으로 드러났다. 자만심처럼 극단적인 기질에 있어서는 당시 처음 만나 상대를 단 몇 분 동안만 관찰할 수 있었던 낯선 사람의 평가가 참가자 본인의 평가보다 더욱 정확했다. 우리가 자기 자신을 절대로 정확하게 판단할 수 없다는 것은 아니다. 굉장히 정확하게 스스로를 분석하고 누구보다 자기 자신을 잘 알고 있는 사람도 있다. 다만, 이렇게 되기까지 시간과 노력이 필요하다는 뜻이다. 누군가와 가까워질 때와 노력이 필요한 것처럼 자기 자신과 가까워지기 위해서도 마찬가지의 노력을 들여야 한다.

　우리 자신을 정확하게 보는 것이 어려운 이유는 감정에 판단력이 가려지기 때문이다. 감정이 동요하는 상황에서는 스스로에 대한 판단력이 더욱 떨어진다. 그리고 열정만큼 우리를 동요하게 만드는 것은 없다. 그게 무엇이든 한 가지 일에 깊이 매몰될 때는 객관적이거나 진실한 평가를 하는 것은 거의 불가능하다. 대표적으로 식이장애와 같은 잘못된 '중독'에 고통받으면서도 진짜 문제를 깨닫기 어려운 이유도 이 때문이다. 이들은 거울 속의 자신의 모습을 바라보며 문제를 깨닫지 못한다. 음식을 먹지 않는 것 자체가 병적인 행동이 아니라 자기 자신에 대한 부정확한 판단과 현실을 바로 보지 못하는 것이 문제이다. 물론 극단적인 예시이긴 하지만 앞서 살펴봤던 것처럼 심각한 중독에 빠진 사람과 금메달에 매달리는 사람, 10억 달러의 기업을 세우려는 사람 사이에는 분명 공통점이 많다. 신경 화학 물질의 영향을 받은 감정이 현실을 바라보는 관점을 왜곡시킨다는 점이다. 2018년 평창 동계올림픽 당시 피겨 스테이팅 선수인 아담 리폰이 공식적으로 식이장애를 고백하며 많은 사람의 관심을 받았지만 사실 그 전부터 수많은 운동선수들이 이와 같은 고통을 앓고 있다는 것은 이미 널리 알려진 사실이다. 체중이 가벼워야 실력이 더욱 향상될 거라는 생각 때문에 섭식 장애를 앓고 있는 선수들이 많다. 아마도 두뇌의 화학적 성질과 개인의 성격, 그리고 목표에 대한 집착과 '수단과 방법을 가리지 않겠다'는 태도가 한몫을 했을 것이다. 시야가 극히 좁아진다는 점에서는 다른 모든 것을 제쳐두고 열정만 좇는 것과 식이장애 증상이 크게 다르지 않다.

다행히도 자기 자신을 명확하게 바라고 상황을 분명하게 판단하기 위해 필요한 자기지각을 얻을 수 있는 몇 가지 실용적인 방법이 있다. 이 전략을 통해 우리는 열정을 통제하고 열정을 어떻게 대할 것인지 의식적이고도 자의적으로 선택할 힘을 얻는다.

열정의 법칙_

- 열정이 지닌 관성의 힘은 상당히 강력하다.
- 이 관성과 맞설 가장 좋은 방법은 명확한 자기지각이다.
- 자기지각을 통해 우리는 열정을 좇는 방향과 방법을 신중하게 선택할 수 있다. 이로써 우리는 열정을 통제하고, 고로 삶도 통제할 수 있게 된다.
- 본인이 자기 자신을 가장 잘 알고 있을 거라고 생각하겠지만 사실이 아니다. 자기지각은 하루아침에 생겨나는 것이 아니다. 의지와 적극적인 전략이 필요하다.

자기 거리두기 훈련

레베카 러쉬는 단언컨대 세계 최고의 어드벤처 레이서이다. 그녀
는 급류 래프팅, 마운틴 바이킹, 크로스컨트리 스키 등 다양한 종
목에서 세계 챔피언십을 여러 차례 휩쓸었다. 뿐만 아니라 한밤중
모르는 곳에서 지도와 나침반으로 목표 지점까지 길을 찾아가야
하는 특별한 스포츠인 오리엔티어링 대회에서도 몇 차례 우승했
다. 러쉬는 바이크를 타고 킬리만자로 정상에 도달한 적도 있다. 익
스트림 스포츠계의 특별한 선수들 사이에서도 단연 최고의 선수
로 꼽히는 인물이다. 그녀가 대단한 업적을 쌓을 수 있었던 건 감
정적으로 힘든 상황에서도 자기를 객관적으로 인지하는 능력 때

문이었다.

그녀가 활약하고 있는 종목의 특성상 몇 번이나 힘들고 위험했던 순간을 맞닥뜨렸다. 200마일 바이크 대회 중 경로를 벗어났던 적도, 새벽 2시에 산 속에서 식량이 바닥났던 적도 있었다. 이런 상황에 처했을 때 그녀는 본인 일이 아니라 친구에게 조언을 한다고 가정하고 생각과 감정을 자신과 분리시켰다. 이 방법으로 그녀는 감정이 동요하는 순간마다 이성적이고 분명하게 상황을 판단할 수 있었다. 그녀는 이렇게 말했다. "까다로운 문제가 생겼을 때 제가 아니라 친구에게 벌어진 일이라고 생각하면 상황을 분명하고 판단하고 분석할 수 있었어요." 러쉬가 겪었던 일을 우리가 경험하게 될 경우가 거의 없겠지만 그녀만의 비법은 새겨들을 만한 가치가 있다. 언제든지 정서적 무력감에 휩싸일 때 자기지각을 얻을 수 있는 좋은 방법이다.

또 다른 예로는 캐나다 온타리오 주 워털루대학에서 진행한 한 연구를 들 수 있다. 심리학자인 이고르 그로스만은 장거리 연애중인 학생 100명을 두 그룹으로 나누었다. 첫 번째 그룹에 속한 학생들은 연인이 바람이 났다는 상상을 구체적으로 하도록 만들었다. 두 번째 그룹 학생들에게는 본인이 아닌 가장 친한 친구가 연인의 외도를 경험하는 상황을 상상했다. 이후 두 그룹은 연인의 바람이라는 문제를 현명하게 해결할 능력이 있는지(양쪽의 입장을 모두 이해 하는지, 타협할 능력을 갖추었는지, 다양한 해결책을 떠올릴 수 있는지 등) 검 사하는 몇 가지 문제에 답을 했다. 본인의 연인이 바람을 피운 첫 번째 그룹보다 친구의 문제였던 두 번째 그룹 학생들이 '현명한 사 고', 즉 정확하고 지혜롭게 상황을 판단하는 능력이 훨씬 뛰어났다. 이와 유사하게 1인칭이 아니라 3인칭의 시점에서 생각하거나 일 기를 쓸 때도 비슷한 효과가 있다는 것이 여러 연구를 통해 드러났 다. 예를 들어대 '존은 창업하는 과정에서 도무지 답을 찾을 수 없 는 문제들을 맞닥뜨렸다'와 '나는 창업하는 과정에서 도무지 답을 찾을 수 없는 문제들을 맞닥뜨렸다'를 비교했을 때, 3인칭 시점의 글이 자기 자신과 상황에 대해 더욱 명확하게 분석함을 알 수 있다.

위에 언급했던 사례들처럼 '자기 거리두기'를 할 때 압도적인 상 황에서도 감정에서 벗어나 사려 깊은 통찰력을 얻을 수 있고 그로 인해 현명한 의사결정도 가능해진다. 다양한 맥락 속에서 자기 거 리두기의 효과를 연구해온 심리학자 오즈렘 에이덕과 에단 크로 스는 이렇게 적었다. "자기 거리두기를 할 때 사람들은 자신의 경 험을 정서적인 측면에서 떠올려 이야기하는 경향이 상대적으로 줄 고, 상황이 마무리 되었다거나 통찰력을 얻었다는 쪽으로 재구성하는 경향이 상대적으로 높다. 과거의 경험에 대한 생각이 달라졌기 때문에 정서적 반응도 낮아진 것이다." 즉, 어떤 상황에서 한 발 멀어질 때 전체론적인 관점에서 큰 그림을 바라볼 수 있게 된다는 뜻이다. 상황을 전체적으로 볼 때 사고력이 높아지고, 그 결과 더욱 지혜로운 판단이 가능해진다.

자신의 열정을 타인의 열정이라고 가정하고 주기적으로 평가해야 한다. 이 사람에게 어떤 말을 전해주고 싶은가? 더욱 열심히 지금보다 더욱 치열하게 노력하라는 말을 하겠는가? 아니면 시리 린들리가 스스로에게 말했듯이 고삐를 늦춰야 할 때라고, 열정을 좇느라 잃고 있는 것이 너무 많다고 알려주겠는가? 사실 이 책을 읽는 것 자체가 하나의 자기 거리두기 훈련이나 다름없다. 그저 열정을 조금 더 정확하게 이해하는 것만으로도 열정의 기원과 원인을 배우고, 열정이 어떻게 변질되고, 어떻게 해야 삶과 조화를 이룰 수 있는지, 열정을 좇는 과정에서 얼마나 많은 것이 희생되는지 등을 살펴보는 것만으로도 열정을 따르는 삶에 대해 깊이 생각해볼 계기가 된다.

자기 거리두기로 아주 조금이나마 자기 자신과 현실에서 멀어지는 것만으로도 자기지각을 얻을 수 있다. 또한 열정에 휩싸인 상황에서도 이성적인 사고를 주관하는 뇌가 마음껏 제 능력을 발휘하도록 해준다. 자기 거리두기가 자신에게서 한 발 멀어진 것이라면, 아주 멀리 멀어졌을 때는 어떤 상황이 벌어질까?

새롭게 바라보기

20만 마일(약 32만 킬로미터-옮긴이) 떨어진 곳에서 지구를 바라보는 우주비행사는 새로운 관점에 눈을 뜰 수밖에 없다. 우주비행사들은 '진짜 세상'과 비교해 '자신의 세상'을 새롭게 이해하게 되었고, 시간의 흐름부터 자신이 그간 성취해온 것까지 모든 것을 달리 보기 시작했다고 소감을 밝혔다. 이들은 지구에서만 머물렀다면 깨닫지 못했을 통찰력과 명료함을 얻는다. 7,100만 마일(약 1억 1,500만 킬로미터-옮긴이) 이상의 거리를 우주에서 유영하고 지구 궤도를 따라 2,842회 비행한 우주인 론 가란은 이러한 변화를 '궤도의 관점orbital perspective'이라고 부른다. 과학계에서 조망효과overview effect

라고 부르는 이 현상은 우주 비행을 하는 동안 지구를 내려다본 우주인들의 가치관이 변하는 것을 의미한다.

그러나 열정을 좇을 때 우리의 관점은 궤도에서 내려다보는 것과는 전혀 다른 양상이다. 우리의 시야는 완벽히 좁아진다. 세상은 작아지고 시각은 편협해져 우리가 보는 것, 생각하는 것, 느끼는 것 모두 우리가 열정을 쏟아 붓는 일에 지배당한다. 이렇듯 한 가지 일에 매몰된 삶을 살 때 철인 3종 세계 챔피언십을 우승하고, 병의 치료법을 개발하고, 아름다운 교향곡과 협주곡을 작곡하는 등의 굉장한 업적을 달성할 수 있다. 5장에서 말했던 것처럼 자신이 하는 일과 하나가 되는 특별한 질이 탄생되기도 한다. 하지만 때문에 상황을 크게 보지 못하는 일이 생긴다. 열정에만 집중해 균형 잡힌 시각을 잃으면 어떤 삶을 살고 싶은지 선택할 능력도 잃는다. 물 밖의 삶은 전혀 모르는 물고기와도 같다. 진부한 이야기 같지만 사실이다. 좋다 나쁘다를 떠나 무언가에 매진할 때 열정이 순식간에 우리의 삶을 점령한다. 열정에 주도권을 넘겨주지 않고 싶다면, 시간과 집중력, 에너지를 어떻게 쓰고 싶은지 직접적으로 목소리를 내고 싶다면 우리의 관점을 조정할 필요가 있다.

안타깝게도 과학기술의 비약적인 발전이 이루어지지 않는 이상 이 책을 읽는 독자 가운데 우주를 여행할 수 있는 사람은 그다지 많지 않을 것이다. 그렇다고 해서 우리가 시각을 넓힐 기회가 없다는 뜻은 아니다. 심리학 연구에 따르면 궤도의 관점은 우주로 나가 지구를 내려다보는 경험에서 비롯되는 것이 아니라, 우주에서 지구를 바라볼 때 느끼는 놀라운 경외감에서 탄생하는 것이라고 한다. 다행히도 우리에겐 굳이 지구를 떠나지 않고도 이 놀라운 경외감과 새로운 관점을 얻을 방법이 있다.

캘리포니아대학교 버클리 캠퍼스의 심리학 교수인 대처 켈트너는 경외감을 '한 개인이 세상에 대한 이해를 초월하는 대단한 무언가를 마주할 때' 느끼는 경이로움으로 정의했다. 달에서 지구를 내려다보거나 그랜드 캐니언에 가야만 경외감을 느낄 수 있는 것은 아니라고 켈트너 박사는 말한다. 켈트너 박사의 연구에 따르면 많은 사람들에게서 경외감을 불러일으키는 몇 가지 순간이 있다.

- 초목이 우거진 자연 속에 머물 때
- 일몰, 별과 보름달을 바라볼 때
- 예술성 높은 작품을 감상할 때
- 마음을 울리는 음악을 들을 때
- 인간의 대단한 선행을 경험하거나 접할 때
- 명장이 놀라운 기술을 선보이는 모습을 지켜볼 때

경이로운 경험이 주는 것

위에 언급된 사례 모두 일상생활에서는 쉽게 느끼기 어려운 경외감을 불러일으킨다. 이렇듯 경이로운 체험을 한 이후에는 시간과 공간의 웅장함, 아름다움의 위대함에 대해 생각하게 된다. 우리의 마음에 울림을 전해주는 경험을 통해 새로운 시각을 얻을 수 있다. 위와 같은 경험을 포함해 경외심을 불러일으키는 체험을 하고 난 뒤에는 조금 더 큰 맥락에서 자기 자신의 모습과 자신이 좇고 있는 열정을 바라보게 된다. 찰나라도 경외심을 느끼는 순간, 우리는 삶과 열정에서 한 발 떨어져 더 큰 의미에 눈을 뜨게 된다. 작가 크리스타 티펫은 《현명해지기Becoming Wise》에서 '장기적인 안목으로 바라봐야 우리 자신과 세상에 대한 지각을 회복할 수 있다'고 밝혔다.

자기 거리두기와 유사하게, 놀라운 경험을 할 때 우리는 새로운 시각뿐 아니라, 사고의 명료함을 얻을 수 있다. 열정에 가려져 있는 우리의 본심, 즉 진정한 자아를 깨닫고 우리가 시간과 에너지를 어떻게 쓰고 있는지를 객관적으로 평가하기 위해 반드시 필요한 명료함이다. 열정에만 고개를 파묻고 있을 때는 이 명료한 사고가 불가능하다.

과학적으로 경외심을 불러일으킬 만한 굉장한 가치가 하나둘씩 밝혀지고 있는 반면, 안타깝게도 우리가 살고 있는 세상에서 경외심을 가질 만한 일이 점차 사라져가고 있다. 따라서 우리는 더욱 적극적으로, 자발적으로 경외심을 구해야 한다. 다음은 대처 켈트너 교수의 글이다.

성인의 경우 업무와 출퇴근에 할애하는 시간은 점점 늘어나고 야외활동을 하거나 다른 사람들과 함께 어울리는 시간은 점점 줄어들고 있다. 우리는 경이로운 장면이나, 자연의 아름다움, 타인의 선행처럼 우리 안에서 경외감을 불러일으키는 모습은 바라보지 않고 스마트폰만 들여다보고 있다. 라이브 음악, 영화, 박물관과 미술관 등 예술에 대한 참여도가 최근 몇 년 새 낮아지고 있다. 아이들도 마찬가지이다. 학교에서는 예술과 음악 프로그램을 단축하는 추세이다. 야외 활동과 자유로운 탐험을 해야 할 시간은 스펙 쌓기로 대체되고 있다. 한편 우리의 문화는 점점 더 개인주의적이고 자기애적이고, 물질주의적이고, 타인과의 연결성이 약해지는 추세로 변하고 있다 … 전율을 일으키는 경험의 힘을 결코 얕잡아봐서는 안 된다. 경외감을 향한 갈망을 불러일으키는 경험을 적극적으로 찾아야 한다. 집 주변에 심어진 나무를 보거나 심오한 음악한 곡을 감상하거나, 바람에 일렁이는 수면을 바라보거나 불가능에 도전하는 사람을 지켜보는 것이 될 수 있다. 일상 속에서 타인의 고귀함을 발견하는 것이다.

삼나무 숲을 거닐거나 산 정상에서 내려다볼 때 세상은 더없이 크고 우리는 한낱 작은 존재라는 것을 새삼 깨우친다. 경이로운 경험을 할 때 우리는 새로운 관점으로 현실을 바라보게 되는데, 이 새로운 시각을 통해 자신의 에너지를 어디에 어떻게 쓰고 싶은지, 열정과 어떤 관계를 형성할 것인지, 인생의 중요한 결정을 어떻게 내릴 것인지에 관해 더욱 깊이 고민하고 자의적인 선택을 내릴 수 있다. 최신 과학을 통해 자기거리두기와 경외감이 지닌 대단한 힘이 밝혀지고 있지만, 이미 수천 년 전의 현자들은 이 사실을 알고 있었다. 약 2천 년 전 스토아 철학자인 세네카는 '마음의 눈으로 장대한 시간의 심연을 바라보고 우주를 떠올려라. 그리고 우리가 삶이라고 부르는 것과 무한함을 비교해보라'고 조언했다. 세네카의 조언을 자주 떠올린다면 우리는 한결 현명해질 것이다.

마음챙김의 기술

생각과 감정에서 우리 자신을 분리시키는 또 다른 방법으로는 명상, 특히 마음챙김이라고 부르는 것이 있다. 마음챙김 명상은 앉거나 누운 채로 호흡에 집중하는 수행이다. 생각이나 감정이 떠오를 때면 이를 평가하는 마음을 버리고 하늘에 흐르는 구름을 바라보듯 그저 인식한 후 다시 호흡에 의식을 집중시킨다. 마음챙김은 아주 단순하면서도 심오한 수행이다.

마음챙김 명상의 '의도'가 완벽히 평온한 선禪의 상태에 진입하는 것이라고 오해하는 경우가 많다. 물론 가능한 이야기이고 이러한 상태에 이른 후 상당한 기쁨을 발견한 사람들이 많지만, 명상의 목적은 아니다. 그저 앉아서 호흡에 집중하는 것, 생각과 감정이 가만히 흘러가도록 두는 것, 아무런 판단이나 편견을 갖지 않는 것 외에는 어떠한 목표가 있다고 할 수 없다.

이상적으로는 하루에 20분 이상 꾸준히 마음챙김 명상을 수행한다면 흥미로운 변화를 경험하게 될 것이다. 자신의 생각과 감정을 '자아'와 분리해 바라보는 것이 가능해진다. 몇몇 명상 강사가 '알아차림awareness'라고도 부르는 '관찰하는 자기observing self'를 깨우고, 관찰하는 자기와 마음에서 생겨나는 모든 것 간의 거리를 유지할 수 있게 된다. 이 알아차림에 이르는 과정은 상당히 아름다운 경험이다.

마음챙김 명상을 박진감 넘치는 액션 영화 속에서 활약하는 것과 박진감 넘치는 액션 영화를 시청하는 것의 차이로 이해할 수 있다. 전자의 경우 스토리에 몰입해 제대로 상황을 분석할 시간이나 마음의 여유도 없이 현재 벌어지는 일에 쉬지 않고 반응해야 한다. 계속 움직이고 반응하고 대처하지 않으면 안 된다. 후자의 경우 영화가 아무리 숨 가쁘게 진행된다 해도, 때때로 정말 상황에 빠져들고 휘말리는 듯한 느낌을 받아도 자신은 그저 바라보는 입장이라는 것을 알기 때문에 한결 안전함을 느끼고, 깊이 생각할 여유도 가질 수 있다. 명상 수행을 하면 몸과 마음에서 끊임없이 떠오르는 생각과 감정에서 빠져나와 먼 거리에서 지켜보는 것이 가능해진다. 멀리서 바라볼 때 우리를 옭아매는 관성에서 벗어나 앞으로 할 일을 자의적으로 결정할 수 있다.

마음챙김의 대가 존 카밧진은 마음챙김으로 우리는 '현재 머무는 길과 앞으로 나아갈 방향을 명료하게 인식할 수 있고 … 그로 인해 내면의 존재가 진정으로 원하는 길, 영혼의 길이자 마음이 향하는 길로 나아가기에 한결 유리한 위치에 설 수 있다'고 적었다.

죽음을 떠올려라

새로운 관점을 얻을 수 있는 확실한 방법이 한 가지 더 있다. 아마도 위에 언급된 그 어떤 것보다도 가장 효과적인 방법일 것이다. 바로 죽음을 생각하는 것이다. 끝이 머지않았음을 직시하는 것만큼 시간의 유한함을 일깨우는 것이 없고, 삶에서 진정 무엇을 원하는지 고찰하게 만드는 것이 없다. 원치 않아도 죽음에 대해 생각할 수밖에 없는 상황이 생기기도 한다. 2015년 브래드가 스물아홉 살일 당시 오랜 친구인 스물여덟 살의 짐은 림프종 4기 진단을 받았다. 브래드는 큰 충격을 받았다. 그는 가까운 사람들의 죽음을 경험한 바 있지만 모두 20대는 훌쩍 넘긴 나이였다. 같은 연령대의 친구 짐이 실제로 죽을지도 모른다는 가슴 아픈 현실은 브래드를 깊은 슬픔으로 몰아넣았을 뿐 아니라 여태껏 경험했던 그 어떤 것보다도 자신의 죽음에 대해서 진지하게 생각하게 만들었다(당사자였던 짐의 심정은 짐작하기조차 어렵다). 그때 브래드는 다른 무엇보다 글을 쓰는 삶을 살고 싶다는 것을 깨달았다. 그를 설레게 하는 것도 글쓰기였고, 되돌아봤을 때 가장 즐거운 하루였다고 여기는 것도 글을 쓰며 보낸 날이었다. 창창한 앞날이 약속된 컨설팅 일을 대폭 줄여 파트타임으로 전환하고 사실 그에게 별 의미 없었던 수많은 '취미 생활'을 과감히 포기하는 등 글쓰기를 위해 삶에 큰 변화를 주었다. 자신의 죽음에 대해 생각할수록 정말 중요한 일에만 집중하게 되었다(다행히도 짐은 암을 이겨내고 예후도 상당히 좋다. 우리가 이 책을 집필하는 동안 결혼을 하기도 했다).

사람은 누구나 자신의 죽음에 대해 고찰하게 되는 순간이 찾아온다. 그렇다고 해서 그 순간을 기다려야만 하는 것은 아니다. 오히려 주기적으로 자신의 죽음에 대해 생각해야 한다. 죽음에 대해 떠올리는 것이 불편하다는 이유로 거부하는 사람이 많지만, 이 책을 통틀어 가장 강력하게 말하고 싶은 것 중 하나는 바로 죽음을 자주 떠올리라는 것이다. 죽음을 최대 관심사로 삼을 때 자신이 진정으로 바라는 삶을 살 수 있다.

불교에서 말하는 다섯 가지 진리를 되새기는 것은 죽음을 떠올릴 때 찾아오는 가치관의 확장을 경험할 수 있는 실용적인 방법이다. 일주일에 한 번, 금요일 저녁 퇴근길에 5분만 시간을 들여 아래 다섯 가지 사항을 되뇌길 바란다.

1. 나는 늙기 마련이다.
2. 나는 병들기 마련이다.
3. 나는 죽기 마련이다.
4. 내가 소중히 여기는 것들은 모두 변하기 마련이다.
5. 내가 한 행동의 결과는 모두 내가 받는다. 내가 쌓은 업은 내가 딛고 서는 지반이 된다.

이 구절을 되뇌면 마음이 상당히 불편해지는 경험을 하겠지만, 효과만은 대단하다. 위의 다섯 가지 진리를 되뇌면 자신의 시간과 에너지를 어떻게 쓰고 싶은지 스스로 결정해야 한다는 깨우침을 얻고, 시간이란 유한하고 그 무엇보다 가장 소중한 자원임으로 망각하지 않을 수 있다. 달리 설명하자면 내일이란 약속된 것이 아니라는 것을 깨닫고(이 사실을 아는 사람은 많지 않다) 하루하루 최선을 다하며 매일 밤 만족스러운 마음으로 잠자리에 드는 것이다. 당신은 어떤 사람으로 기억되고 싶은가? 이 세상에 어떤 기여를 하고 싶은가? 고민하고 실천하며 살아야 한다.

다섯 가지 진리를 마음에 담고 사는 것 외에도 죽음을 상세하게 다룬 책을 접하는 것도 좋다. 죽음을 떠올리는 것이 불편하고 불쾌하지만 가히 가치 있는 일임은 분명하다. 하지만 죽음을 멀리한다면, 실제로 끔찍한 병명을 진단받고 나서야 지금껏 자신이 바라던 대로 삶을 살지 못했다는 것을 깨닫는다면 그 대가는 참혹할 것이다. 세네카의 말처럼 우리의 시간이 유한하다는 당연한 명제를 잊은 채 휩쓸리듯 살기란 너무도 쉽다. 세네카는 〈인생의 짧음에 관하여〉에서 이렇게 적었다. "인생은 우리에게 시간이 쏜살같이 흐른다는 것을 알려주기 위해 소란을 떨지 않는다. 조용히 미끄러지듯 순식간에 흘러갈 뿐이다. 그 결과가 무엇일 것인가? 당신이 다른 데 정신이 팔려 있는 동안 삶은 서둘러 제 갈 길을 재촉할 것이다. 어느 순간엔가 죽음이 찾아오고 그때는 죽음 앞에서 스스로 준비할 선택권조차 사라진다."

세네카의 가르침으로부터 수천 년 후 고인이 된 시인 니나 리그스는 암 투병 생활을 기록한 자서전에 이렇게 적었다. "불치병 환자로서의 삶은 끔찍하게 두려운 구덩이 위를 가로지르는 외줄 위를 걷는 것과 같다. 그러나 불치병에 걸리지 않은 삶 역시 그저 안개와 구름 덕분에 아래에 놓인 구덩이의 깊이를 가늠할 수 없을 뿐, 끔찍할 정도로 두려운 어둠 위를 걷는 것과 마찬가지이다"

우리 '자신'이 영원히 존재하지 않는다는 것을 인정하는 것만큼 자기지각을 높이고 정말 중요한 것이 무엇인지 깨닫게 하는 장치는 없다. 우리는 우주를 잠시 스쳐가는 먼지일 뿐이다. 이 사실을 깨우치는 것이야말로 자기 거리두기의 가장 궁극적인 목표이다.

자기지각의 중요성 되새기기

여러 번 언급했듯이 최고 형태의 열정과 평생 동안 함께하기 위해서 자기지각이 매우 중요하다. 열정에 매몰될 때 다른 것에는 시선을 두기가 어렵다. 그 결과 자신의 시간과 에너지를 어디에 어떻게 쓰고 싶은지 직접 결정할 권리를 잃고 만다. 당신이 열정을 통제하는 것이 아니라 열정이 당신을 통제하는 상황에 빠진다. 열정이라는 관성의 거센 힘에 저항하는 가장 좋은 방법은 자기지각이다. 아이러니하게도 자기지각을 얻기 위해선 오히려 자기 자신에서 한 걸음 멀어져야 한다. 열정에 푹 빠져 있는 순간에도 수준 높은 자기지각을 유지하고 자신의 삶을 직접 결정할 권리를 지키기 위한 가장 효과적인 방법 두 가지는 주기적으로 나의 일이 아니라 친구에게 닥친 상황이라고 가정하고 현실을 바라보거나 3인칭으로 생각하거나 일기를 쓰며 자기 거리두기를 행하고, 경외심을 갖게 하는 경험을 하고, 명상과 죽음에 대한 고찰을 통해 의식적으로 시각을 확장하는 노력을 계속하는 것이다.

　세상에 '올바른' 선택이란 없고, 당신의 선택은 시간에 따라 바뀔 수 있다는 점을 명심해야 한다(다수의 연구에 따르면 사람은 나이가 들수록 자신의 열정을 좇는 것에서 가족 및 오랜 친구와 시간을 보내는 쪽으로 중요도가 옮겨간다고 한다). 앞으로 살아가면서 열정에 자신의 모든 것을 바치는 선택을 할 때가 많을 것이다. 자발적인 선택이라면 문제될 것이 없을 뿐 아니라 오히려 훌륭한 선택이라고 볼 수 있다. 조화롭게 자신의 열정을 좇는 것만큼 살아 있음을 느낄 수 있는 일은 거의 없으니까. 그러나 철인 3종 선수 시리 린들리처럼 열정을 놓아주어야 하거나 은퇴해야 할 때라는 자각이 들면 어떨 것 같은가? 만약 당신이 몸을 쓰는 일에 열정을 갖고 있는데 당신의 의지가 아니라 몸이 그런 결정을 내린다면? 당신의 고용주나 업계 사정상 그런 일이 벌어진다면? 더 끔찍한 상황은 당신의 열정이 누군가를 사랑하는 일이었는데 그 상대가 죽음을 맞이한다면? 열정을 잃었지만 품위와 의욕은 잃지 않은 채로 미래로 나아갈 수 있을까? 다음

장에서 이 답을 찾아볼 예정이다.

**열정의
법칙 _**

- 필요한 자기지각을 얻기 위해선 '자기 자신'에게서 벗어나야 한다.
  - 자신이 처한 상황을 친구의 일이라 가정하고 어떤 조언을 전해주고 싶은지 생각한다.
  - 인생에서 중요한 결정을 내려야 할 때 3인칭으로 글을 쓰고, 글을 다시 읽으며 글을 쓸 때 어떤 감정을 느꼈는지 떠올린다.
- 자기지각에 이를 수 있는 또 다른 방법은 주기적으로 큰 관점에서 상황을 조망하는 것이다.
  - 가능한 자주 경외감을 불러일으키는 경험을 한다.
    · 초목이 무성한 자연 속에서 시간을 보낸다.
    · 일몰을 바라보고, 별과 보름달을 감상한다.
    · 예술 작품을 감상한다.
    · 마음을 울리는 음악을 듣는다.
    · 일상 속에서 인간의 대단한 선행을 직간접적으로 경험할 수 있는 기회를 찾는다.
    · 명장이 놀라운 기술을 선보이는 모습을 지켜본다.
- 명상한다.
- 죽음을 고찰한다. 다섯 가지 진리를 되새기고 죽음에 대한 글을 읽으며 생의 유한함을 상기한다.
- 자기지각이 중요한 이유는 열정적인 삶을 살 때 치르게 되는 희생과 대

가를 객관적으로 파악할 수 있고, 자신의 열정을 어디에 어떻게 쏟을 것인지 직접 결정할 수 있기 때문이다.

8장

우아하게 열정을
다루는 법

MASTERY MINDSET

열정이 사라진다면

자의적이든 타의적이든 열정을 지닌 대상 혹은 사람에게서 벗어나는 것은 인생에서 가장 힘든 일 중 하나일 것이다. 열정의 결과로 얻게 될 성과 및 외부적 인정과 자신의 정체성을 동일시하지 않아야 한다는 것은 알지만, 실제로 열정과 정체성을 완전히 분리시키기란 불가능에 가깝다. 5장에서 언급했던 것처럼 마스터리 정신을 갖추면 열정은 동사(내가 하는 일)에서 명사(나란 사람)으로 바뀐다. 글쓰기에서 작가로, 달리기에서 러너로, 사랑을 하다에서 연인으로 말이다. 그렇다면 열정이 곧 나란 사람이 된 상황에서는 어떻게 해야 나 자신을 잃지 않고 열정만 놓아줄 수 있을까?

쉽지 않은 일이다. 개인의 자유의지에 따른 일일지라도 자신의 열정에서 벗어난 사람 대다수가 우울증에 시달리거나 약물, 알코올, 도박 등 파괴적인 중독에 빠지고 만다. 최근 남편을 잃거나 러닝화를 벗어야만 하는 상황에 놓인 전 올림픽 선수, 갤러리를 폐관해야만 하는 아티스트 모두에게 해당되는 이야기다. 나를 나답게 만드는 것을 잃거나 쉬이 바꾸기 어려운 강렬한 동기를 발현할 대상을 잃으면 큰 공허함이 생길 수밖에 없다.

단연 미국 최고의 축구 선수로 손꼽히는 애비 웜바크에게 축구는 운동 이상의 의미였다. 그녀에게 축구는 내면의 분노와 불안을 발산하는 통로였다. 다섯 남매였기 때문에 어린 시절 내내 부모님의 관심을 두고 치열한 경쟁을 벌이며 힘든 유년 시절을 보냈다. 동성애자인 그녀는 수많은 동성애자들이 그렇듯 사람들이 자신을 받아줄까 하는 의문과 두려움이 내면에 항상 자리하고 있었다. 사춘기 시절 그녀의 정체성이 불안했으리란 것은 자명하다. 하지만 그녀에게는 운동이 있었다. 그녀는 자서전 《포워드forward》에서 이렇게 밝혔다. "운동선수라는 역할은 내 모든 것을 모두 합친 것보다 훨씬 큰, 유일한 본연의 정체성이다." 철인 3종 선수인 린들리와 마찬가지로 웜바크는 자신의 모든 것을 축구에 바쳤다.

그러나 서른 중반에 들어서자 몸이 더 이상 따라주지 않았다. 여러 위대한 선수들이 겪었던 것처럼, 예전에는 관리가 가능했던 부상과 만성적인 건강 문제들이 감당할 수 없는 수준에 이르렀고, 그녀가 사랑했던 스포츠를 떠나 은퇴를 해야 하는 상황에 처했다. 자신의 인생을 모두 바쳤던 운동을 떠나는 것이 그녀에게 상당히 힘든 일이었다. 웜바크는 도박, 음주, 약물 남용에 시달렸다. "운동할 때 필요했던 진통제가 이제는 살기 위해 필요해졌다. 은퇴는 멋지고 신나는 일이 아니었다. 사람들은 과도기라는 삶의 고통에 대해서는 충분히 이야기하지 않는다." 흥미롭게도 동시대 올림픽 수영선수인 마이클 펠프스 역시 웜바크와 유사한 경험을 했다. 마이클 펠프스도 힘든 어린 시절을 보냈고, 처음 수영에서 은퇴하기로 마음먹었을 당시 도박, 알코올, 약물 남용에 시달리며 파괴적인 생활을 이어갔다. 놀랄 만한 일은 아니다. 정체성의 근간이 사라지고 삶의 체계가 무너지면 카오스가 찾아오기 마련이다.

그럼에도 불구하고 열정에서 벗어난 사람들 모두가 대단히 고통스러워하는 것만은 아니다. 어떤 사람들은 더욱 희망찬 태도로 새로운 미래를 향해 나아가기도 한다. 이들이 열정을 그리워하지 않는다거나 갈망하지 않는다는 의미가 아니다. 다만, 열정에 대한 그리움과 갈망에 잠식당하지 않는다는 뜻이다.

최고의 순간에 은퇴를 선언한 까닭

마케팅의 대가인 크리스 루크직의 이야기를 해본다. 당신이 하는 일에서 세계 최고의 수준에 올랐다고 상상해보자. 10대 때부터 꿈꿔왔던 일을 하며 전 세계를 누비고 영예로운 경쟁을 펼치고 이 모든 것을 하며 돈까지 벌 수 있는 위치에 올랐다. 루크직이 달리기 선수로서 커리어 초반에 세계실내육상선수권 대회에서 7위를 기록했을 때였다. 그러나 대회에서 뛰어난 성적을 내고 얼마 지나지 않아 최고의 전성기를 누리던 그는 스물여섯 살의 나이로 선수 생활을 은퇴했다.

그의 결정에 육상계는 큰 충격에 빠졌다. 젊고 건강하며 기업의 후원도 받고 있던 선수가 왜 이렇게 이른 나이에 은퇴를 결정한 걸까? 과도한 훈련에 시달렸거나 번아웃이 문제였을까?

오히려 그 반대였다. 그는 10년 전 자신이 달리기를 시작했을 때와 같은 이유로 은퇴를 결정했다. 그가 운동을 시작했던 것도 은퇴를 결심했던 것도 그저 자신의 흥미를 따라 내린 선택이었다. 그는 "제 마음은 백만 갈래의 길로 뻗어 나갔습니다. 달리기는 제가 유일하게 관심이 있었던 일이 아니라, 유일하게 좇기로 결심한 일이었을 뿐입니다. 온전히 제가 원해서였어요."라고 설명했다. 육상계를 떠날 당시 루크직은 쓸쓸함보다 달리기에 최선의 노력을 다했던 만큼 커다란 만족감을 느꼈다. 그는 이제 자신의 최선을 다른 곳에 쏟고 싶었다. 물론 달리기가 그리웠지만, 마음 속 깊은 곳에서 이제 다른 세상으로 나아가야 한다고 말하고 있었다. 달리기 전문 웹사이트인 '렛츠런.com'에서 그는 이렇게 밝혔다. "유럽의 몬도(이탈리아 트랙 제조 회사-옮긴이) 트랙은 10대 때 벽에 붙여놓는 멋진 몸매의 선망의 대상과도 같았습니다. 하지만 결국 신디 크로포드를 향한 사랑을 거두게 되죠. 솔직히 말해 스무 살 이상의 연상인 데다 내가 그녀와 결혼할 수 있는 위치에 이르면 그녀는 쉰에 가까운 나이가 될 테니까요. 이처럼 제 선망의 대상이 자연스럽게 바뀌었습니다."

육상계를 떠나겠다고 발표하기 두 달 전, 그는 자신의 관심을 끈 스타트업 한 곳에 열정을 담은 편지를 한 통 보냈다. 당시 그의 마음을 사로잡았던 일, 여행과 관련된 회사였다. 신생 기업에 함께하고픈 마음과 열정을 담아 그는 이렇게 적었다. "귀사는 기존의 온라인 및 지역에 국한되어 있던 커뮤니티라는 개념을 완벽히 바꾸고 세계로 그 범위를 확장하는 데 일조할 것이라 믿습니다 … 살아 있는 경험을 여행에 접목시켰습니다."

루크직이 러닝계에서 가장 큰 커뮤니티를 통해 은퇴를 발표하자

'1995년도 스타일의 촌스런 홈페이지를 내건 회사에 들어가겠다고 자신의 모든 것을 버리다니, 아둔한 선택이 아닐 수 없다'는 논조의 익명 댓글이 수도 없이 달리며 많은 사람들의 조롱을 샀다.

다행히도 그는 비관론자들의 말을 듣지 않았다. 그는 자신의 흥미를 따랐고, 자신의 선택에 책임을 질 자신이 있었으며, 달리기 선수라는 예전의 정체성을 벗고 모든 의지와 최선을 새로운 열정에 쏟아 부을 준비가 되어 있었다. 2009년 그는 창립 여섯 번째 멤버로 에어비앤비에서의 새로운 인생을 시작했다.

자신을 스토리텔링 하라

루크직처럼 건강하게 열정에서 벗어나 새로운 길로 향하는 사람들은 공통적으로 자신의 이야기를 직접 써 내려가는 의지와 강한 주인의식을 지니고 있다. 내면의 목소리, 즉 자기 자신에 대해 스스로에게 하는 말은 개인이 세상을 바라보는 관점, 이해하는 방식, 살아가는 방향을 결정하는 기준이 된다. 열정에서 건강하게 벗어나 앞으로 나아가느냐는 내면의 목소리를 어떻게 통제하느냐에 전적으로 달려 있다.

1960년대, 노벨상을 수상한 신경심리학자 로저 스페리는 중증의 간질을 치료하기 위해 뇌량을 절단한 (당시에는 일반적인 치료법이었다) 환자들을 대상으로 연구를 시작했다. 뇌량은 두 대뇌반구를 연결하는 신경섬유다발로 분석과 이성을 담당하는 좌뇌와 창의력과 감정을 담당하는 우뇌를 잇는 다리 역할을 한다. 뇌량을 절단하면 좌뇌와 우뇌의 연결이 차단된다.

스페리는 환자의 좌측, 우측 시야에 각각 '걷다, 그리다, 앉다' 등의 명령어를 보여주었다. 인간은 왼쪽 시야에서 본 정보는 우뇌로 받아들이고, 오른쪽 시야에서 확인한 정보는 좌뇌가 처리한다. 스페리는 환자의 우뇌로 명령어가 전달되도록 좌측 시야에 해당 명령어를 제시하자, 이들은 걷거나 그림을 그리거나 앉는 등의 명령을 따랐지만 자신이 왜 이 같은 행동을 했는지 이유는 깨닫지 못했다. 우뇌는 원인을 설명하거나 합리화하는 능력이 없는 탓이었다. 우뇌는 단순히 행동을 지시하고 감정을 지각한다.

여기서 굉장히 흥미로운 점은 단 한 번의 예외 없이 참가자들 모두 자신의 행동을 합리화하는 사유를 만들어냈다는 것이다. 예컨대, 스페리가 '걷다'라는 명령어를 보여줬을 때 참가자들은 다리를 스트레칭하기 위해서, 물을 마시러 가기 위해서, 배우자가 운동을 하는 것이 좋겠다고 권유했기 때문에 등의 나름의 이유로 걸었다고 답했다. 즉, 자신이 왜 걷고 있는지 모르는 상태에서 이유를 만들어내어 합리화했다(이들이 걷기 시작한 진짜 이유를 알았다면 스페리가 명령어 단어 카드를 보여주었기 때문이라고 말했어야 했다). 이후 여러 연구에서 정서에 관련해 이와 비슷한 결과가 나왔다. 우뇌로 정보가 전달되도록 참가자들의 왼쪽 시야에 비극적인 사진 한 장을 제시하자, 참가자들은 갑자기 슬픔을 느낀 이유에 대해 온갖 이야기를 만들어냈다. 스페리의 연구를 통해 스토리가 인간의 본능에 중요한 역할을 한다는 것이 밝혀졌다. 우리는 서사 없이는 아무것도 할 수도, 느낄 수도 없다. 인간의 가장 본질적인 특징 중 하나는 삶에 의미를 부여하기 위해 이야기를 만들어내도록 설계되어 있다는 점이다. 타당한 스토리가 없을 때 우리는 길을 잃고 방황한다.

스페리의 획기적인 발견으로부터 약 60년이 지난 지금, 자기 자신에게 하는 이야기는 이미 벌어진 행동이나 감정을 설명하는 것뿐 아니라 아직 벌어지지 않은 일에도 영향을 미친다는 사실을 깨달아가고 있다. 스탠포드대학의 심리학과 교수인 캐롤 드웩은 학생들이 자기 자신에게 어떤 이야기를 하느냐에 따라 학업 성취도가 달라진다는 것을 발견했다. '고정적' 이야기(내 지능은 태어날 때부터 정해져 있어 달라질 수 없다)를 '성장적' 이야기(연습과 노력으로 인간의 뇌는 성장할 수 있고 시간이 지날수록 더욱 똑똑해질 수 있다)로 바꾼 학생들의 경우 태도와 노력, 성적이 모두 향상되었다. 다시 말해, 자기 자신에게 들려주는 이야기가 바뀌자 그에 따라 사람도 변화했다.

성취감보다 더 중요한 나만의 스토리

또 다른 연구를 통해 내면의 이야기는 회복력에 특히 중요하다는 것이 드러났다. 2015년 미시건대학의 정신의학부와 우울증 센터는 전쟁 지역에 파병된 군인의 배우자들을 대상으로 한 연구를 진행했다. 처음 연구를 시작할 당시 참가자 대부분은 사랑하는 사람의 파병에 대해 무력하고, 감당하기 어렵고, 의지할 곳 없는 등의 부정적인 이야기로 점철되어 있었다. 뿐만 아니라 높은 수준의 우울증도 겪고 있었다. 두 달 간의 연구가 진행되는 동안 부정적인 이야기를 담고 있는 배우자는 긍정적으로 희망, 자신감, 응원을 받고 있는 등 서사를 바꾸는 상담을 받았다. 한 달 후, 내면의 이야기를 긍정적으로 수정한 배우자들은 우울증 증상이 줄어들었고, 전에 비해 주변 사람들에게서 도움을 더 많이 받고 있다고 느끼며, 삶의 만족도가 향상되었다고 밝혔다. 사랑하는 사람의 파병이라는 사실은 달라진 것이 없었다. 다만 자기 자신에게 전하는 이야기가 달라진 것이었다. 마틴 루터 킹 주니어와 함께 했던 시민권 운동의 리더, 빈센트 하딩이 비폭력 시위를 전제로 해야 한다고 주장하며 이렇게 말했다. "우리의 내면 깊숙한 곳에서는 스토리를 필요로 합니다 … 스토리 없이는 진정한 의미의 인간이 될 수 없습니다"

열정에서 벗어나야 하는 때가 왔을 때 반드시 내면의 이야기를 통제해야 한다. 열정이 당신에게 성취감을 전해주는 유일한 요소이자 정체성의 근간이라는 생각을 뛰어넘는 이야기를 자기 자신에게 들려주어야 한다. 자신의 열정을 완벽하게 잊어야 한다는 뜻이 아니다. 오히려 이와 반대이다. 열정이 당신을 변화시켰다는 것을 인정하고, 지난 열정을 통해 얻은 통찰력을 이제부터 시작될 이야기에, 미래의 이야기에 건설적으로 녹여내야 한다. 건설적이 핵심 키워드이다. 군인의 배우자들이 처음 그랬던 것처럼, 열정을 잃을 때 상실하는 것들만 떠올려 부정적인 것에 집중해서는 안 된다. 자기 자신에게 긍정적인 이야기를 들려주어야 한다. 지난 열정에서 무엇을 배웠는지 떠올리고, 한 가지 일을 그토록 열정을 다해 좋았던 의지가 당신 안에 있었고 이제는 이 의지를 바탕으로 다른 일도 잘 해낼 수 있으며, 과거 열정을 다했던 일을 더 이상 하지 못하게 되어도 여전히 삶의 의미가 충분하다고 스스로에게 이야기해주어야 한다. 아래 나오는 사례는 간략하게 요약된 것이지만, 긍정적 이야기와 부정적 이야기의 차이점을 한눈에 볼 수 있다.

- 경쟁력 있는 선수로서의 생명은 모두 끝났고, 나는 운동밖에 할 줄 아는 게 없는데. 앞으로 뭘 어떻게 해야 할까?

- 운동을 통해 뛰어난 경쟁의식을 갖게 되었고 불편한 상황을 받아들이는 법도 깨달았어. 이 두 가지 자산을 토대로 스타트업 기업에서 일하거나 어쩌면 선수를 코칭하는 일도 가능할 것 같아.

- 40년 동안이나 함께 해온 아내가 세상을 떠났어. 더 이상 어떻게, 무엇을 위해 살아야 하지? 내 인생은 끝났어.
- 아내가 없어 무척이나 슬프지만 함께 값진 추억을 쌓았어. 이 힘든 시기를 나와 함께 헤쳐나가며 내게 사랑과 응원을 전해줄 친구와 가족이 있어. 이 사람들의 삶과 기억 속에서 아내는 영원히 살아 있는 거야.

- 내 회사는 완전히 실패했고, 다시는 투자금을 유치할 수 없을 거야. 이 일은 내 삶의 이유였는데, 이제 다 끝났어.
- 회사는 실패했지만 그 과정에서 소중한 교훈을 너무도 많이 배웠어. 내 삶에 큰 가르침을 주는 값진 경험이었어. 이번 계기를 통해 내가 진짜 어떻게 살고 싶은지 진지하게 고민하고 아내와 아이들과 더욱 많은 시간을 보낼 거야.

열정을 잃었을 때 반드시 해야 할 일

오해해서는 안 된다. 망상을 하거나 자기 자신에게 거짓말을 하라는 것이 아니다. 지나친 낙관론 또한 장기적 행복과 건강에 전혀 도움이 되지 않는다. 열정을 잃었을 때는 고통과 슬픔을 느끼는 것이 당연하다. 우리가 말하고자 하는 것은, 열정에서 무엇을 얻었고 이를 앞으로 어떻게 활용할 수 있는지 등 긍정적인 내용의 이야기를 의식적으로 두뇌에 심어주라는 것이다. 이렇게 할 때 단기적으로는 행복을 느끼는 것뿐 아니라 더욱 중요하게는 장기적으로 우리의 삶을 충만하게 만들어줄 또 다른 활동을 찾아 나설 의지를 회복할 수 있다.

캐롤 드웩의 연구 속 학생들처럼 고정적이고 부정적인 이야기를 긍정적이고 유연하며 미래 지향적인 이야기로 바꿀 때 굉장한 이점이 있다. 더욱 열린 태도로 세상을 바라보게 되고 자신에게 기쁨과 성취감을 안겨줄 또 다른 일을 찾아낼 확률도 높아진다. 지난 열정에서 어떤 점을 가장 사랑했는지 깨닫고, 열정을 통해 어떤 스킬과 능력을 얻었으며, 이제는 무엇을 경험해보고 싶은지 생각해봐야 한다. 이 모든 것을 종합한 통찰력을 통해 인생의 다음 단계를 채워나갈 또 다른 무언가를 찾을 수 있다. 어찌 보면 과거의 열정에서 벗어나는 것이 아니다. 그저 하나의 열정에서 다음 열정으로 옮겨가는 것이다.

애도심리상담이나 국제올림픽위원회에서 마련한 커리어 전환 코스에서부터 주변 친구들에게서 듣는 조언까지, 둘러보면 열정에서 벗어나 새로운 인생으로 나아갈 때 도움을 얻을 창구가 다양하게 마련되어 있다. 그러나 안타깝게도 전문가와 기관, 주변 사람들까지도 물론 선의에서 비롯된 조언이겠지만 은퇴를 앞두거나 열정을 그만두는 사람에게 무언가를 해야 한다('즉시 새로운 일을 구해라', '자원봉사를 시작해라', '여행을 떠나라', '사람들과 자주 어울려라' 등)라고 말하는 경우가 너무도 많다. 하지만 그것보다 인생의 전환점을 맞은 이들이 자신만의 미래 지향적인 이야기를 직접 쓰는 것이 훨씬 효과적이다. 이 과정에서 주변 및 커뮤니티의 지원은 물론 큰 도움이 될 것이다.

열정에서 벗어날 때면 공허함을 채우기 위해 새로운 누군가 혹은 어떤 일에 바로 빠져들고 싶은 마음이 들 수 있다. 그러나 잠시 멈춰 여유를 가지며 열정을 좇으며 가장 행복했던 점은 무엇이었는지, 무엇이 가장 그리울 것 같은지, 당신만의 이야기, 당신 삶의 이야기가 앞으로 어떻게 진행되길 바라는지 등을 생각해보는 시간을 갖는 것이 좋다. 이 역공간 liminal space(시간적 혹은 공간적 변화가 맞물린 경계 지점-옮긴이)은 불확실성이 가득할 수밖에 없다. 이곳에 머무르는 것이 불편할 것이다. 그러나 미래를 만들어나가기 위해 자신의 내면을 깊이 들여다볼 중요한 기회이자 공간이다. 자신의 내면을 들여다보길 바란다. 커리어 전환 프로그램과 상담이 끝나고 이런 저런 조언을 전하던 친구들도 다시 본인들의 일상으로 돌아간 후에도 건설적인 도움을 주는 친근한 가이드가 당신 안에 있다는 것을 발견할 것이다. 길을 잃은 것 같은 기분을 느끼지 않을 것이다.

내면의 목소리에 귀 기울일 것

웜바크는 음주운전으로 구속을 당하기까지 했던 암울했던 시기를 거친 후 자신이 방황하고 있고 이제는 자신의 이야기에 대한 통제력을 회복해야 한다는 것을 깨달았다. 그녀의 인생이 달린 일이었다. 웜바크는 자서전 《포워드Foward》에 한 친구가 들려준 이야기를 소개했다. 친구는 삶의 과도기와 은퇴에 따른 어려움을 비유적으로 표현하며 이렇게 말했다. "공중 곡예사들은 정말 여러모로 대단해. 막대 하나에 오랫동안 매달려 있는 것도 대단한데, 다른 그네를 잡기 위해서는 의지하고 있던 막대에서 손을 떼고 몸을 내던지니까. 이 사람들이 정말 대단하고 아름답고 용기 있다고 느낀 지점은 그네를 바꿔 타는 도중에 공중제비까지 하는 거야. 이 사람들만 할 수 있는 마법이지. 너도 처음 잡았던 막대에서 몸을 내던질 용기만 있다면 다음 그네로 옮겨가는 그 중간에 너만의 마법을 만들어나갈 수 있을 거야."

웜바크는 아직 자신만의 마법을 완성하지는 못했지만 그래도 한 발씩 앞으로 나아가고 있다. 《포워드Foward》에서 웜바크는 얼마 전 프랑스에서 휴가를 보낼 때 겪었던 일에 대해 적었다. 한 여성이 그녀의 앞에 멈추어 서더니 '애비 웜바크 맞아요? 그 축구 선수?'라고 물었다. 웜바크는 이렇게 생각했다. 지금 여긴 프랑스인데! 날 알아보는 사람이 있다고? 여성에게 내가 그 축구선수가 맞노라 대답하며 자신의 에고가 '우쭐거리는' 것을 느꼈다고 한다. 하지만 이내 마음속으로 자기 자신에게 그리고 상대방에게 이제는 축구 선수가 아니라고 정정했다. 얼마 지나지 않아 어쩌면 이 여성의 생각이 틀린 것만은 아님을 깨달았다. 그녀는 이렇게 적었다. "나는 이제 축구를 하지 않지만 축구는 나란 인간의 일부이자 영원히 지울 수 없는 과거의 한 부분이다. 사기꾼, 반항아, 아내, 지지자, 중독자, 실패자, 인간. 이 모든 것을 부정할 수 없듯 축구선수 역시 나를 지칭하는 이름 중 하나임을 인정해야 한다. 새로운 역할을 찾아가는 중이고 아직 발견하지 못했지만, 이 이름 모두 내 안에 깊이 새겨져 영원히 함께 할 것이다."

웜바크의 이야기는 스티브와도 관련이 깊다. 열네 살부터 스티브의 정체성은 달리기 선수였다. 달리기를 해서만이 아니라 주변 사람들 모두 그를 러너라고 생각했다. 내면과 외면 모두 스티브라는 한 인간은 달리기와 떼려야 뗄 수 없었다. 뛰어난 실력 때문이었다. 열여덟 살 때 스티브가 1마일을 4분 1초 만에 주파해 고등학생 선수로 미국 역사상 여섯 번째 기록을 세우면서 달리기와 그의 정체성은 더욱 밀접해졌다. 이 241초라는 시간 동안 스티브는 앞으로 평생 동안 러너로 살겠다고 다짐했다. 한동안은 별 문제가 없었다. 스티브는 굉장한 노력을 통해 뛰어난 기량을 선보였고 그로 인해 뜨거운 관심을 받았다. 그러나 커리어를 쌓아갈수록 초반에 보였던 훌륭한 성적을 뛰어넘지 못하자 러너로서의 정체성은 그에게 짐이 되었다.

몇 년 동안은 스티브가 어디를 가든 러너 혹은 1마일을 4분 1초로 주파한 대단한 선수라는 타이틀로 소개되었다. 이마에 낙인이라도 찍힌 것처럼 말이다. 나름 의미 있는 목표를 달성해도 이미 굳어진 정체성을 벗어날 수 없었다. 스티브가 그저 재미삼아 출전한 경기에서조차 아나운서든 누군가는 반드시 러너라는 스티브의 각별한 정체성과 고등학교 이후 두각을 나타내지 못하고 있다는 사실을 짚고 넘어갈 수밖에 없었기에 그는 트랙이든 어디든 경기에는 참가하고 싶지 않아졌다. 과거에 대한 이야기가 나올 때마다 분노와 공포에 사로잡혀 어디로든 도망가고 싶다는 생각이 들었다. 뛰어난 러너라는 정체성에 부응할 수 없다는 것을 본인이 아는 만큼, 이 타이틀은 그에게 무거운 짐이 되었다. 어린 시절 육상에서 대단한 성공을 거두었다는 자부심이 아니라, 자신이 예상했던 목표에 이르지 못했다는 수치심을 느꼈다. 타인의 기대를 저버렸다는 것보다 자기 자신의 잠재력을 충분히 발휘하지 못했다는 사실이 그에게는 더욱 실망스럽게 다가왔다.

달리기를 그만두고 코칭과 글쓰기로 커리어를 전환하는 중이었음에도 과거의 정체성을 벗어나기까지 몇 년이나 걸렸다. 과거의 특정한 사건 혹은 특정한 일로 자기 자신을 규정하는 것을 멈추기 위해 그는 적극적으로 자신의 이야기를 새로이 써 내려갔다. 경기장을 네 바퀴 달리는 능력 외에도 세상에 보여줄 수많은 재능이 자신 안에 있다는 것을 스스로에게 끊임없이 주지시켰다. 그가 다른 분야에서 이름을 알려갔음에도 달리기 선수였을 때와 마찬가지로 지나치게 단순하고도 정형화된 '정체성'이 따라 붙었다. 이제 그는 '러너' 대신 '코치', '과학자', '작가'라는 이름으로 불린다. 어떤 타이틀을 갖게 되든 고정관념이 뒤따르는 것은 마찬가지였다. 스티브는 어떤 이름으로 살든 그 이름을 편하게 수용하는 법을 배워가는 한편, 자신의 복잡한 정체성을 받아들이기 위해 노력했다. 아무리 위대한 성공이나 참혹한 실패에도 결코 사라지지 않을 그의 진정한 정체성을 자기 자신에게 끊임없이 알려주었다.

스티브는 텍사스 주의 1마일 달리기 기록을 세운 지 14년이 지난 2017년에야 비로소 실패한 달리기 영재라는 정체성에서 완벽히 벗어날 수 있었다. 2017년 샘 월리가 스티브의 기록을 깼기 때문이다. 스티브는 스스로 놀랄 만큼 안타까운 마음이 조금도 들지 않았다. 더욱 놀라웠던 것은 가까운 가족과 육상 경기 마니아 외에는 아무도 스티브의 기록이 깨졌다는 사실조차 모른다는 것이었다. 스티브는 그제서야 실패한 러너라는 정체성은 자신이 만든 것이고, 세상이 자신에게 많은 관심을 쏟고 있다는 건 착각이라는 사실을 깨달았다. 몇몇 사람들은 스티브가 고등학교 시절 누렸던 영광을, 그가 러너였다는 사실을, 1마일을 4분 1초로 주파했다는 것을, 그가 불운의 영재였음을 여전히 기억하고 있다. 하지만 이에 대다수의 사람들은 스티브를 코치로 혹은 이 책을 읽는 사람들은 그 저 저자로만 알고 있을 것이다.

우리의 정체성은 내가 타인에게 어떻게 비춰지는지, 타인이 나를 어떻게 대하는지에 따른 결과물이다. 세상에는 항상 고정관념과 편견이 있을 수밖에 없고, 이는 우리의 통제 밖의 일이다. 하지만 우리 자신이 어떤 인간인가에 대한 정의는 우리가 선택할 수 있다. 스스로에게 전하는 이야기대로 삶이 변할 것이고, 이 이야기는 인생의 굴곡과 함께 조금씩 달라지며 우리의 생이 다하는 날까지 끝없이 계속된다는 것을 명심해야 한다. 상당히 힘든 일이겠지만 누구나 과거의 정체성을 넘어 새로운 사람으로 변할 수 있다.

그러나 과거를 뛰어넘지 못하는 사람도 있다. 내면의 목소리가 지닌 힘이 얼마나 큰지 이들의 사연을 통해 새삼 깨닫게 될 것이다.

열정의 법칙_

- 열정에서 벗어나기 위해 가장 중요한 것은 내면의 목소리를 어떻게 다듬어 나갈 것인가, 자기 자신에게 어떤 이야기를 들려줄 것인가이다.
- 열정에서 벗어나야 하는 때가 왔을 때 열정이 당신의 삶에서 중요한 부분이었다는 사실을 부인하거나 외면해서는 안 된다. 오히려 열정이 중요한 일부였다는 것을 받아들이고, 과거 열정을 다하며 배웠던 교훈과

경험을 앞으로 당신이 하게 될 일의 자양분으로 삼아야 한다.

- 열정에서 벗어난 후 다른 일을 황급히 찾기보다는 잠시 시간과 여유를 갖고 지난 열정이 당신의 삶에 어떤 영향을 끼쳤는지 되돌아보는 것이 좋다.

- 일과 목표가 달라질 수는 있겠지만, 열정을 뜨겁게 달구었던 당신 안의 불꽃은 여전히 그대로이다. 인생의 새로운 챕터로 향하며 내면의 이 불꽃을 잘 이끌어야 한다.

사실 그대로라는 함정

학교를 다니는 학생이라면 누구나 비슷한 딜레마를 겪는다. 바로 지난 몇 달 간 머릿속에 욱여넣었던 내용을 떠올려야만 하는 순간 이다. 연합국이 노르망디 상륙작전을 펼쳤던 날, 원소 주기율표, 《두 도시 이야기》 3장이 무슨 내용이었는지 모두 기억나면 좋으련 만…. 연달아 밤을 새우며 벼락치기를 하는 10대 학생이라면 한번 쯤 머릿속에서 구글 검색기를 돌리는 능력 같은 뛰어난 기억력을 갖기를 꿈꿀 것이다. 실제로 이것이 가능한 사람도 있다.

　과잉기억 증후군HSAM이라고도 불리는 증후군은 영상이나 사진 을 기록한 것처럼 모든 것을 기억하는 증상이다. HSAM을 가진 사람은 아주 상세하게 과거의 기억을 떠올리는 비범한 능력이 있다. 예를 들면, 〈프렌즈〉 시즌 6의 3화 내용이나, 1993년 올스타전에 서 샌프란시스코 자이언츠와 휴스턴 애스트로스의 경기 점수, 조 너선 프랜즌의 소설 《인생수정》에 등장한 모든 인물의 이름을 대 는 식이다. HSAM을 가진 사람은 과거 본인이 어떤 식으로든 참여 한 보거나, 읽거나, 듣거나, 실제로 행한 등 일에 대해서 굉장히 정 확하게 기억한다. HSAM을 지닌 어떤 사람은 어릴 적 쓴 일기의 한 부분을 몇 십 년 후에 그대로 떠올려 적을 수 있을 정도로 기억 력이 대단하다.

HSAM의 장점은 너무나 분명하다. 일반상식 퀴즈야 식은 죽 먹 기이고, 암기가 중요한 학교 시험은 손쉬운 수준이며, 무엇이든 이 렇듯 정확하게 떠올리는 기억력과 더불어 아주 작은 변화까지 감 지해내는 능력은 어느 직군에서나 큰 장점으로 작용한다. 하지만 단점은 없는 것일까?

연인과의 고통스러운 이별이 기억에 계속 남는다면 어떨 것 같 은가? 누군가와 헤어질 때 보통 우리는 이야기를 각색하기 시작한 다. 며칠 전까지만 해도 열렬히 사랑했던, 어쩌면 친구들과 가족들 에게 결혼하게 될지도 모른다고까지 이야기했던 상대방이 하루아 침에 비열한 인간으로, 그 정도까지는 아니더라도 '함께 하지 않는 편이 나은' 인간으로 변하게 된다. 전 연인의 단점을 떠올리며 나와 맞지 않는 사람이라는 이유를 찾고, 지나고 보니 나한테 잘하지도 않았다고 스스로에게 말한다. 시간이 흐르면 상대방을 마음 속에서 지우거나 문자 그대로 페이스북 게시물과 사진첩 같은 삶에서 지워버리기도 한다. 즉, 실패한 사랑에서 벗어나는 가장 큰 힘은 우리 자신에게 하는 이야기를 바꾸는 능력인 것이다.

최근 〈디스 아메리칸 라이프〉 라디오 프로그램에서는 질 프라이스의 사연을 통해 HSAM이 경험하는 사랑하는 사람의 죽음과 연인과의 결별에 대해 이야기를 나눴다. 그녀는 현재 눈앞에서 벌어지고 있는 것처럼 함께 했던 영화와 로맨틱한 저녁 식사, 선물로 받은 꽃 등 상대방과의 모든 추억을 하나도 빠짐없이 기억하고 있었다. 이미 몇 년이나 지났음에도 너무나도 생생한 기억 때문에 그녀는 매 순간을 다시 체험하는 듯한 기분을 느꼈다. 질은 매번 씁쓸한 현실을 마주해야 했다. 어떻게 해도 자기 자신을 속일 수 없었다. 과거의 연인을 나쁜 남자로 치부하고 넘어갈 수도 없었고, 상대방의 단점을 과장하거나 장점을 잊을 방법이 없었다. 그녀는 조금의 각색도 불가능한 현실을 직시해야만 했다. 자신의 이야기를 바꿀 능력도, 마음 편히 잊을 수 있도록 자신의 기억을 선별적으로 편집할 능력도 없었다.

HSAM을 지닌 사람들의 사례를 통해 나 자신의 이야기에 대한 통제력을 잃었을 때, 달리 각색할 수도 없고, 과거의 일을 단 하나의 해석으로만 기억해야 할 때 어떤 일이 벌어지는지 약간이나마 짐작할 수 있을 것이다. 한 할리우드 제작자가 에이브러햄 링컨과 같은 역사적 위인의 전기를 주제로 작품을 만드는 상황을 가정해 보자. 이제 그에게는 두 가지 선택지가 있다. 첫 번째 경우에서 그는 링컨 대통령의 삶을 사실 그대로 옮긴 대본을 받았다. 제작자는 핵심 줄거리와 관련된 그 어떤 내용도 줄이거나 수정할 수 없다. 이 대본대로 영화를 만든다면 몇 시간 동안 역사적 사실만 줄줄 읊어대는 작품이 나올 것이고, 흥행 실패는 자명해진다.

두 번째 경우, 제작자는 대본에 대해 몇 가지 조건만 지킨다면 자유롭게 수정할 수 있는 라이선스를 갖고 있는 상황이다. 링컨 대통령 삶의 핵심은 그대로 지키며 몇몇 부분을 재량껏 수정할 수 있다. 링컨의 삶에서 정말 중요한 사건을 강조하기 위해 평범한 일상은 짧게 줄이는 것도 가능하다. 당시의 시대상에는 별 무리가 없었지만 현대의 시각에서 문제의 소지가 있는 링컨의 모습은 영화에 싣지 않고, 많은 사람들의 눈에 영웅으로 비춰지는 모습을 비중 있게 다룰 수도 있다. 역사적 사실에 충실하되 핵심적인 부분을 강조하고 사소한 디테일 대부분은 잘라내 두 시간짜리 영화로 링컨의 삶을 압축할 수 있다. 두 번째 경우 제작자는 짧은 작품 안에 강렬한 메시지를 전달하기 위해 필요한 정도로 이야기를 각색할 권리를 갖는 것이다.

어느 정도 예상했겠지만 HSAM를 지닌 사람들은 첫 번째 경우에 속한다. 이들은 과거의 사실과 감정을 조금도 잊을 수도, 각색할 수도 없다. 그러나 우리는 우리의 삶에 유용한 방향으로 이야기를 각색할 수 있다. 사실 우리는 자신의 의도대로 재편집한 디렉터스컷을 제작하고, 과거의 기억을 보기 좋게 다듬어 힘든 현실을 극복할 때가 많다.

내 삶의 주도권 찾기

열정보다 당신의 정체성 형성에 더욱 중요한 역할을 하는 것은 바로 내면의 목소리이다. 당신 자신을 규정하는 이야기 말이다. 자기 자신에게 어떤 이야기를 하느냐에 따라 열정을 떠날 때 어떤 감정을 느끼고 무엇을 하게 될지가 결정된다. 당신에게 모든 권한이 있다는 의미이다. 주도권을 잡고 자신의 이야기를 직접 써내려가고자 한다면 그럴 수 있다. 애비 웜바크의 깨달음처럼 마법은 한 곳에서 다른 곳으로 옮겨가는 도중에 탄생한다. 여기서 말하는 '도중'이란 과도기의 과정 혹은 역공간이 뜻하는 경계지점의 의미도 있지만, 이 과정에서 지난 열정과의 관계를 어떻게 이어갈 것인가가 핵심이다. 정체성을 열정에 온전히 의존하는 것은 건강하지 않지만, 이와 마찬가지로 열정이 당신에게 미친 영향에 대해 부정하는 것도 건강하지 않은 모습이다. 양극단이 아닌 이 중간 지점을 찾아야 한다.

마스터리 정신을 갖추고 자기지각을 높이는 과정과 마찬가지로 하루아침에 갑자기 자신의 이야기를 직접 써내려갈 수는 없다. 열정에서 벗어날 때는 보통 부정적인 감정에 지배되기가 쉽고, 무엇이든 가장 손쉬운 방법으로 공허감을 채우려다보니 생산적인 열정이 파괴적인 중독으로 변하는 경우가 많다. 이제 이 덫을 알게 되었으니 함정에 빠지지 않도록 대비할 수 있다. 열정에서 벗어나는 경우 잠시 멈추어 여유를 갖고 자신의 이야기를 어떻게 써내려가고 싶은지 생각하는 시간을 갖는 것이 좋다. 어떤 내용이 되든 열정과 함께 끝이 나는 것이 아니라, 지난 열정을 좇으며 배운 삶의 경험과 열정을 뜨겁게 달구었던 당신 안의 불꽃을 바탕으로 한 새로운 이야기를 써내려가야 한다. 그저 나아가는 것이 아니라 앞으로 나아가야 한다. 내면의 목소리에 따라 행동과 태도가 달라지는 것은 인간의 본성이다. 어떻게 달라질 것인지, 그 방향은 어디까지나 당신이 결정할 몫이다.

열정과 함께 살아가는 법

졸업식 축사와 동기부여 연설은 당분간 변하지 않을 것이다. 열정을 찾고, 좇고, 따라야 한다는 말은 앞으로도 단골멘트로 쓰일 것이다. 이 말을 누가 어떻게 듣느냐에 따라 긍정적인 힘을 얻을 수도 있다. 무분별하게 열정에 휩싸이는 삶은 굉장히 위험하고 파괴적이다. 열정을 유념하며 따를 때 비로소 훌륭한 삶을 살 수 있다. 바로 이것이 다양한 조사를 거쳐 이 책을 쓴 후 얻은 우리의 결론이다.

열정을 유념하며 따르기 위해서는 우선 열정이 좋지도 나쁘지도 않은 것이라는 점을 깨닫는 것에서 시작해야 한다. 열정은 우리의 유전자와 심리에 깊이 뿌리내린 강렬한 감정일 뿐이다. 마법처럼 갑자기 열정이란 것을 발견하는 것이 아니라, 흥미가 생기는 일에 투자하는 시간과 에너지를 점차 늘려나가며 점진적으로 계발하는 것이다. 다음 단계는 열정의 어두운 이면에 대해 인지하는 것이다. 강박과 두려움에서 비롯된 열정의 위험성을 깨닫고 이러한 열정에 빠지지 않도록 주의해야 열정이 생산적인 힘을 발휘할 가능성이 생긴다. 하지만 위험을 피하는 것만으로는 충분치 않다. 현재 사회의 즉각적인 희열을 좇는 문화에 맞서 마스터리 정신을 함양하는 노력도 기울여야 한다. 내면의 동기를 유지하고, 결과보다 과정을 중시하고, 최고의 자리에 서는 것이 아니라 더욱 나아지는 것에 일류가 되기 위해 노력하고, 장기적 이득을 위해 단기적 실패를 수용하며, 인내심을 기르고, 우리가 좇고 있는 열정을 주의 깊게 살펴야 한다. 이러한 노력을 기울일 때 가장 최상의 열정인 조화열정에 이르고, 조화열정을 통해 특별한 질을 탄생시킬 수 있다. 그러나 열정과의 조화로운 관계에도 불구하고 삶에 부조화가 찾아오기도 한다. '균형'은 한낱 환상에 지나지 않을 때가 많은데, 특히나 열정에 깊이 몰두해 있는 사람에게는 더욱 그렇다.

따라서 열정을 따르는 사람은 균형이 아닌 자기지각을 좇아야 한다. 역설적이게도 '자기 자신'에게서 거리를 둘 때 가능해지는 자기지각은 열정의 관성에 저항할 수 있는 유일한 상대이다. 자기지각을 통해 우리는 열정이 우리에게서 무엇을 앗아가고 있는지 자각할 수 있고, 그 자각을 바탕으로 어떤 방향으로 나아가고 싶은지 직접 결정할 수 있다. 조화열정을 좇고 있고, 그 열정을 따르기 위해 무엇을 희생하고 있는지 스스로 깨닫고 있다면 당신이 어떤 방향으로 나아가길 결정하든 '잘못된' 선택일 수 없다. 자의적으로 결정할 능력을 잃는 것이야말로 잘못된 것이다. 열정을 어떻게 좇을 것인지, 열정에 얼마의 시간과 에너지를 들일 것인지에 대해 어떤 선택을 하든 당신의 이야기를 직접 써내려가는 작가로서 결정을 내리는 것이 중요하다. 당신의 이야기에서 열정이 가장 중요한 주제이지만 열정이 이야기의 전부여서는 결코 안 된다. 열정을 바탕이자 근간으로 삼아 인생의 새로운 챕터를 써내려가야 한다. 당신의 인생이 걸렸다고 할 만큼 중요한 문제이다.

안타깝게도 졸업식 연사와 동기부여 강사에게서는 이 같은 말을 들을 수 없다. 앞서 나온 이야기들이 듣기 불편할 수도 있고, 전부 긍정적이기만 한 것도 아니다. 그러나 불편하고, 불쾌하고, 받아들이기 힘들지라도 열정을 찾고 따르는 삶을 위해서는 반드시 명심해야 한다.

열정이 살아 있음을 느끼게 해주는 굉장한 원동력이 되기도 하지만, 삶을 무너뜨리는 파괴적인 폭풍으로 변할 수도 있다는 점을 기억하라. 열정은 세상을 앞으로 나아가게 하는 힘이다. 많은 사람들의 삶에 의미와 즐거움을 더해주지만 슬픔과 우울증을 불러오기도 한다. 열정 덕분에 올림픽 메달을 따기도 하지만, 열정 때문에 약물복용 선수가 탄생한다. 결혼이 가능한 것도, 결혼을 파탄 내는 것도 열정이다. 대단한 창의력도, 삶을 파괴하는 중독도 열정에서 탄생한다. 열정은 아마도 가장 압도적인 감정일 것이다.

열정이 선물이 될지, 저주가 될지는 오롯이 당신에게 달려 있다.

참고
문헌

1장

1. C Jordan, "Gown Alert:Bon Jovi to Address Rutgers-Camden Commencement," *app.*, April 3, 2015, http://www.app.com/story /entertainment/2015/04/03/gown-alert-bon-jovi-to-address -rutgers-camden-commencement/70873794/.

2. Elon Musk (@elonmusk), "The reality is great highs, terrible lows, and unrelenting stress. Don't think people want to hear about the last two," Twitter, July 30, 2017, 1:23 p.m., https://twitter.com/elonmusk/status/891710778205626368.

2장

1. Interview with Timothy K. Beal, August 12, 2016.

2. W. Shakespeare, *Titus Andronicus*, Act II, Scene I, http://shake speare.mit. edu/titus/full.html.

3. A. Dreber et al., "The 7R Polymorphism in the Dopamine Recep\-tor D4 Gene (DRD4) Is Associated with Financial Risk Taking in Men," *Evolution and Human Behavior* 30, no. 2 (March 2009): 85–92, http://www.sciencedirect. com/science/article/pii/S1090513 808001165.

4. Interview with Ann Trason, conducted by Brad for his article "What's Behind the Relentless Pursuit of Excellence?," *Outside*, March 7, 2016.

5. D.H. Zald et al., "Midbrain Dopamine Receptor Availability Is Inversely Associated with Novelty-Seeking Traits in Humans," *Journal of Neuroscience* 28, no. 53 (December 31, 2008): 14377, http://www.jneurosci.org/content/28/53/14372. short.

6. M. Lewis, PhD, *The Biology of Desire: Why Addiction Is Not a Dis\-ease* (New York: PublicAffairs, 2016), 42.

7. "The 2009 MF 25," *Men's Journal*, https://www.mensjournal .com/health-fitness/2009-mf-25.

8. Series of author interviews with Rich Roll, August 2016.

9. Interview with Alan St Clair Gibson, conducted by Brad for "What's Behind the Relentless Pursuit of Excellence?"

10. D. Collins and A. MacNamara, "The Rocky Road to the Top: Why Talent Needs Trauma," *Sports Medicine* 42, no. 11 (Sep\-tember 2012): 907 – 14, https://www.ncbi.nlm.nih.gov/pubmed /23013519.

11. Interview with Gibson for "What's Behind the Relentless Pursuit of Excellence?"

12. M. Lewis, *The New New Thing: A Silicon Valley Story* (New York: W. W. Norton, 2014), 58.

13. Ibid.

14. Lewis, *Biology of Desire*, 66.

15. M. Szalavitz, "The 4 Traits That Put Kids at Risk for Addiction," *New York Times*, September 29, 2016.

16. P. Conrod et al., "Effectiveness of a Selective, Personality-Targeted Prevention Program for Adolescent Alcohol Use and Misuse: A Cluster Randomized Controlled Trial," *JAMA Psychia\-try* 70, no. 3 (March 2013): 334 – 42, https://www.ncbi.nlm.nih .gov/pubmed/23344135.

17. M. Szalavitz, *Unbroken Brain: A Revolutionary New*

3장

1. Marist Poll "Do you believe in the idea of soul mates, that is, two people who are destined to be together?," January 6 – 10, 2011, http://maristpoll.marist.

edu/wp-content/misc/usapolls /US110106/Soul%20Mates/Americans_Who_
Believe_in_Soul _Mates.htm.

2. C. R. Knee, H. Patrick, N. Vietor, and C. Neighbors, "Implicit The\-ories of
Relationships: Moderators of the Link Between Conflict and Commitment,"
Personality and Social Psychology Bulletin 30, no. 5 (May 2004): 617–28.

3. P. Chen, P. C. Ellsworth, and N. Schwarz, "Finding a Fit or Devel\-oping It:
Implicit Theories About Achieving Passion for Work,"
Personality and Social Psychology Bulletin 41, no. 10 (Octo\-ber 2015): 1411–
24, DOI: 10.1177/0146167215596988.

4. Chen et al., "Finding a Fit or Developing It."

5. G. Pezzulo and P. Cisek, "Navigating the Affordance Landscape: Feedback
Control as a Process Model of Behavior and Cognition," *Trends in
Cognitive Sciences* 20, no. 6 (June 2016): 414–24, https://doi.org/10.1016/j.
tics.2016.03.013.

6. R. Ryan and E. Deci, "Self-Determination Theory and the Fa\-cilitation
of Intrinsic Motivation, Social Development, and Well-Being," *American
Psychologist* 55, no. 1 (January 2000): 68–78, DOI: 10.1037110003-066X.55.1.68.

7. D. Liu, X. P. Chen, and X. Yao, "From Autonomy to Creativity: A Multilevel
Investigation of the Mediating Role of Harmonious Passion," *Journal of
Applied Psychology* 96, no. 2 (March 2011): 294–309, DOI: 10.1037/a0021294.

8. E. Luna, *The Crossroads of Should and Must* (New York: Work\-man, 2015), 25.

9. J. Raffiee and J. Feng, "Should I Quit My Day Job?: A Hybrid Path to
Entrepreneurship," *Academy of Management Journal* 57, no. 4 (October 2013):
948, https://doi.org/10.5465/amj.2012.0522.

10. *Harvard Business Review*, "Why Going All_In on Your Start_Up Might Not Be
the Best Idea," August 2014, https://hbr.org/2014/08/why-going-all-in-on-
your-start-up-might-not-be-the-best-idea.

11. M. Lewis, *Moneyball* (New York: W. W. Norton & Company, 2003), 193.

12. N. N. Taleb, *Antifragile* (New York: Random House, 2014), 161 −7.

13. B. Stulberg, "No One Wants to Talk About Death, but You Need to Anyway," *Los Angeles Times*, December 30, 2013.

14. Luna, *Crossroads of Should and Must*, 34.

15 Thich Nhat Hanh, *The Heart of the Buddha's Teaching* (New York: Broadway Books, 1999), 185.

4장

1. P. Lattman, "Enron: Skilling and Petrocelli's Passion Play," *Wall Street Journal Law Blog* (blog), May 16, 2006.

2. N. Stein, "The World's Most Admired Companies," *Fortune*, Octo\-ber 2, 2000.

3. M. McFarland, " 'This Is What I Was Put on Earth to Do': Eliza\-beth Holmes and the Importance of Passion," *Washington Post*, October 12, 2015.

4. McFarland, " 'This Is What I Was Put on Earth to Do.' "

5. N. Bilton, "Exclusive: How Elizabeth Holmes's House of Cards Came Tumbling Down," *Vanity Fair*, September 2016.

6. HHS filing against Elizabeth Holmes, http://online.wsj.com/public/resources/documents/cms20160412.pdf.

7. S. Buhr, "Theranos Reaches Settlement with Investor Partner Fund Management," TechCrunch, May 1, 2017.

8. S. A. O'Brien, "Theranos Founder Elizabeth Holmes Charged with Massive Fraud," *CNNMoney* (blog), CNN, March 14, 2018.

9. Epictetus, *Discourses and Selected Writings*, ed. R. Dobbin (New York: Penguin Classics, 2008), 175.

10. E. Fromm, *To Have or to Be?* (New York: Harper & Row, 1976), 63.

11. D. Whyte, *The Three Marriages: Reimagining Work, Self and Rela\-tionship*

(New York: Riverhead Books, 2010), 155.

12. A. Wilson and L. Potwarka, "Exploring Relationships Between Passion and Attitudes Toward Performance-Enhancing Drugs in Canadian Collegiate Sports Contexts," *Journal of Intercollegiate Sport* 8, no. 2 (December 2015): 227 – 46, https://doi.org/10.1123/jis.2014-0093.

13. World Anti-Doping Agency, "Death for Performance—What would athletes trade-off for success?," https://www.wada-ama.org/sites/default/files/resources/files/connor_project_summary.pdf.

14. D. Schawbel, "Alex Rodriguez: What Most People Don't Know About Being a Top Athlete," *Forbes*, May 18, 2016.

15. D. Moceanu, *Off Balance: A Memoir* (New York: Touchstone, 2013), 115.

16. Ibid., 141.

17. J. J. Bélanger, M.\ A. K. Lafrenière, R. J. Vallerand, and A. W. Kruglanski, "Driven by Fear: The Effect of Success and Failure Information on Passionate Individuals' Performance," *Journal of Personality and Social Psychology* 104, no. 1 (2013): 180 – 95, http://dx.doi.org/10.1037/a0029585.

18. K. Starr, "The Downside of Following Passion," *The Atlantic*, Sep\-tember 5, 2012.

19. D. E. Conroy, J. P. Willow, and J. N. Metzler, "Multidimensional Fear of Failure Measurement: The Performance Failure Ap\-praisal Inventory," *Journal of Applied Sport Psychology* 14, no. 2 (2002): 76 – 90, DOI: 10.1080/10413200252907752.

20. S. Beecham, *Elite Minds: How Winners Think Differently to Create a Competitive Edge and Maximize Success* (New York: McGraw-Hill Education, 2016), 67.

5장

1. Fromm, *To Have or to Be?*, 51.

2. C. Gaines, "Katie Ledecky Explains Why She Is Passing Up an Es\-timated $5 Million per Year in Endorsements," *Business Insider*, August 24, 2016.

3. E. B. Falk, M. B. O'Donnell, C. N. Cascio, et al., "Self-Affirmation Alters the Brain's Response to Health Messages and Subsequent Behavior Change," *PNAS* 112, no. 7 (February 2015): 1977 –82; published ahead of print February 2, 2015, https://doi.org/10 .1073/pnas.1500247112.

4. R. M. Rilke, *Letters to a Young Poet* (Novato, CA: New World Li\-brary), 16.

5. W. T. Gallwey, *The Inner Game of Tennis: The Classic Guide to the Mental Side of Peak Performance* (New York: Random House, 1997), 116 –7.

6. B. Stulberg, "Big Goals Can Backfire. Olympians Show Us What to Focus on Instead," *New York*, August 3, 2016.

7. M. W. Howe, P. L. Tierney, S. G. Sandberg, et al., "Prolonged Dopa\-mine Signalling in Striatum Signals Proximity and Value of Dis\-tant Rewards," *Nature* 500, no. 7464 (August 2013): 575 –9, DOI: 10.1038/nature12475.

8. Y. Goto and A. A. Grace, "Dopaminergenic Modulation of Limbic and Cortical Drive of Nucleus Accumbens in Goal-Directed Be\-havior," *Nature Neuroscience* 8, no. 5 (May 2005): 805 –12, https://doi.org/10.1038/nn1471.

9. D. Collins, A. MacNamara, and N. McCarthy, "Super Champions, Champions, and Almosts: Important Differences and Common\-alities on the Rocky Road," *Frontiers in Psychology* 6, no. 2009 (January 2016): 1 –11, DOI: 10.3389/ fpsyg.2015.02009.

10. Amazon SEC filing, http://phx.corporate-ir.net/phoenix.zhtml?c=97664&p=irol- SECText&TEXT=aHR0cDovL2FwaS50ZW5rd2l6YXJkLmNvbS9maWxpbmcue G1sP2lwYWdlPTk1MjIwMzgmRFNFUT0wJlNFUT0wJlNRREVTQz1TRUNUSU9 9OX0VOVElSRSZzdWJzaWQ9NTc3d.

11. J. S. Moser, H. S. Schroder, C. Heeter, et al., "Mind Your Errors: Evidence for a Neural Mechanism Linking Growth Mind-Set to Adaptive Posterror Adjustments," *Psychological Science* 22, no. 12 (October 2011): 1484 – 9, DOI: 10.1177/0956797611419520.

12. T. D. Wilson, D. A. Reinhard, E. C. Westgate, et al., "Just Think: The Challenges of the Disengaged Mind," *Science* 345, no. 6192 (July 2014): 75 – 7, https://doi. org/10.1126/science.1250830.

13. G. Leonard, *The Way of Aikido: Life Lessons from an American Sensei* (New York: Plume, 2000), 171 (emphasis added).

14. G. Leonard, *Mastery: The Keys to Success and Long-Term Fulfill\-ment* (New York: Plume, 1992), 21 – 3.

15. G. Leonard, ed., "Playing for Keeps: The Art of Mastery in Sport and Life," *Esquire*, May 1987.

16. R. M. Pirsig, *Zen and the Art of Motorcycle Maintenance* (New York: HarperTorch, 2006), 171.

17 M. Crawford, *Shop Class as Soulcraft* (New York: Penguin Press, 2009), 194.

18. A. de Botton, *How Proust Can Change Your Life* (New York: Pan\-theon, 1997).

19. R. Friedman, A. Fishbach, J. Förster, and L. Werth, "Attentional Priming Effects on Creativity," *Creativity Research Journal* 15, nos. 2 – 3 (2003): 277 – 86, https://doi.org/10.1080/10400419.2003.9651420.

20. Dijksterhuis and H. Aarts, "Goals, Attention, and (Un)con\-sciousness," *Annual Review of Psychology* 61 (January 2010): 467 – 90, DOI: 10.1146/annurev.psych.093008.100445.

21. Pirsig, *Zen and the Art of Motorcycle Maintenance*, 299 – 310.

22. Leonard, *Mastery*, 40.

23. Fromm, *To Have or to Be?*, 117 – 8.

24. F. Mullan, "A Founder of Quality Assessment Encounters a Troubled System

Firsthand," *Health Affairs* 20, no. 1 (January/ February 2001): 137 –41, https://
doi.org/10.1377/hlthaff.20.1.137.

25. T. Curran, A. P. Hill, P. R. Appleton, et al., "The Psychology of Pas\-sion:
A Meta-Analytical Review of a Decade of Research on In\-trapersonal
Outcomes," *Motivation and Emotion* 39, no. 5

6장

1. E. J. Rohn, *Leading an Inspired Life* (Chicago: Nightingale Conant, 2010).

2. George Washington University, "Demand Work-Life Balance Training,"
https://hr.gwu.edu.

3. B. Stulberg, "Maybe We All Need a Little Less Balance," *Well* (blog), *New York
Times*, August 22, 2017.

4. L. Du, "Warren Buffett's High School Yearbook Foreshadowed His Future
Career," *Business Insider*, June 6, 2012.

5. J. Surowiecki, " 'Becoming Warren Buffett,' The Man, Not the In-vestor," *New
Yorker*, January 31, 2017.

6. *Becoming Warren Buffett*, directed by Peter Kunhardt; HBO Doc-umentary
Films, January 30, 2017.

7. Surowiecki, " 'Becoming Warren Buffett,' The Man, Not the Investor."

8. S. Begum, "The Son Gandhi Disowned," *Manchester Evening News*, August 20,
2007.

9. Aristotle, *The Nicomachean Ethics*, ed. Lesley Brown, trans. David Ross
(Oxford, UK: Oxford University Press, 2005), 190 (emphasis added).

10. B. Stulberg, "Shalane Flanagan on How to Achieve Peak Perfor-mance,"
Outside, February 21, 2018.

11. D. S. Ridley, P. A. Schutz, R. S. Glanz, and C. E. Weinstein, "Self- Regulated
Learning: The Interactive Influence of Metacognitive Awareness and Goal-

Setting," *Journal of Experimental Education* 60, no. 4 (1992): 293 – 306, http://dx.doi.org/10.1080/00220973 .1992.9943867; S. L. Franzoi, M. H. Davis, and R. D. Young, "The Effects of Private Self- Consciousness and Perspective Taking on Satisfaction in Close Relationships," *Journal of Personality and Social Psychology* 48, no. 6 (June 1985): 1584 – 94; P. J. Silvia and M. E. O'Brien, "Self-Awareness and Constructive Func-tioning: Revisiting the Human Dilemma," *Journal of Social and Clinical Psychology* 23, no. 4 (August 2004): 475 – 89, DOI: 10.1521 /jscp.23.4.475.40307.

12. C. R. Cloninger, "The Science of Well- Being: An Integrated Ap-proach to Mental Health and Its Disorders," *World Psychiatry* 5, no. 2 (June 2006): 71 – 6.

7장

1. S. Lindley, *Surfacing: From the Depths of Self- Doubt to Winning Big and Living Fearlessly* (Boulder, CO: VeloPress, 2016), 183.

2. R. Ellison, *The Invisible Man* (New York: Vintage, 1995), 103.

3. S. Vazire and E. N. Carlson, "Others Sometimes Know Us Better Than We Know Ourselves," *Current Directions in Psychological Science* 20, no. 2 (2011): 104 – 8, DOI: 10.1177/0963721411402478.

4. K. Crouse, "Adam Rippon on Quiet Starvation in Men's Figure Skating," *New York Times*, February 2, 2018.

5. B. Stulberg, "To Navigate a Challenge, Pretend You're Giving Ad\-vice to a Friend," *The Cut* (blog), *New York*, February 21, 2017.

6. I. Grossmann and E. Kross, "Exploring Solomon's Paradox: Self-Distancing Eliminates the Self-Other Asymmetry in Wise Rea\-soning About Close Relationships in Younger and Older Adults," *Psychological Science* 25, no. 8 (August 2014): 1571 – 80, https://doi .org/10.1177%2F0956797614535400.

7. A. Rivas, "Writing in the Third Person Helps Stressed Peo\-ple Understand

Their Circumstances More Wisely," *Medical Daily*, June 10, 2014, http://www. medicaldaily.com/writing-third-person-helps-stressed-people-understand-their -circumstances -more-wisely-287460.

8. Ö. Ayduk and E. Kross, "From a Distance: Implications of Spon\-taneous Self-Distancing for Adaptive Self-Reflection," *Journal of Personality and Social Psychology* 98, no. 5 (May 2010): 809 – 29, DOI: 10.1037/a0019205.

9. R. Garan, "Seeing Earth from Space," *Fragile Oasis* (blog), September 26, 2013, http://www.fragileoasis.org/blog/2013/9/seeing-earth-from-space/.

10. F. White, *The Overview Effect: Space Exploration and Human Evo\-lution* (Reston, VA: American Institute of Aeronautics and Astro\-nautics, 1998), 1.

11. D. Keltner, "Why Do We Feel Awe?," *Greater Good*, May 10, 2016, http:// greatergood.berkeley.edu/article/item/why_do_we _feel_awe.

12. D. Keltner and J. Haidt, "Approaching Awe, a Moral, Spiritual, and Aesthetic Emotion," *Cognition and Emotion* 17, no. 2 (2003): 297 – 314, https://doi. org/10.1080/02699930302297.

13. K. Tippett, *Becoming Wise: An Inquiry into the Mystery and Art of Living* (New York: Penguin Books, 2017), 12.

14. D. Keltner, "Why Do We Feel Awe?"

15. Seneca, *Moral Letters to Lucilius*, vol. 3, trans. R. M. Gummere (Toronto, ON: Aegitas Digital Publishing, 2015), loc. 106, ebook.

16. J. Kabat-Zinn, *Wherever You Go, There You Are: Mindfulness Med\-itation in Everyday Life* (New York: Hachette Books, 2005), xvi.

17. Seneca, *On the Shortness of Life: Life Is Long If You Know How to Use It*, trans. C. D. N. Costa (New York: Penguin Books, 2005), 13.

18. N. Riggs, *The Bright Hour: A Memoir of Living and Dying* (New York: Simon & Schuster, 2017), 243.

8장

1. A. Wambach, *Forward: A Memoir* (New York: Dey Street Books, 2016), 32.

2. Ibid., 161 - 70.

3. M. S. Gazzaniga, "The Split Brain in Man," *Scientific Ameri-can* 217, no. 2 (1967): 24 - 9, http://dx.doi.org/10.1038/scientific american0867-24.

4. C. S. Dweck, *Mindset: The New Psychology of Success* (New York: Ballantine Books, 2007). 5. M. Kees, L. S. Nerenberb, J. Bachrach, and L. A. Sommer, "Chang-ing the Personal Narrative: A Pilot Study of a Resiliency Inter-vention for Military Spouses," *Contemporary Family Therapy* 37, no. 3 (September 2015): 221 - 31, https://doi.org/10.1007/s10591 - 015- 9336- 8.

6. Tippett, *Becoming Wise*, 52.

7. Wambach, *Forward*, 171 - 2.

8. Ibid., 228.

9. *This American Life*, episode 585, "In Defense of Ignorance," NPR, April 22, 2016, https://www.thisamericanlife.org/radio - archives/episode/585/in-defense- of- ignorance.

내 안의 숨겨진 가능성을 찾아 위대한 변화를 만드는 법

마스터리 태도

초판 1쇄 발행 2021년 4월 20일

지은이 브래드 스털버그, 스티브 매그네스
옮긴이 신솔잎

책임편집 이경화
디자인 Aleph design

펴낸이 최현준·김소영
펴낸곳 빌리버튼
출판등록 제 2016-000166호
주소 서울시 마포구 월드컵로 10길 28, 202호
전화 02-338-9271 | **팩스** 02-338-9272
메일 contents@billybutton.co.kr

ISBN 979-11-91228-49-6 03190

내 삶에 몰입하는 시간, 플로우